법의학,
예술작품을 해부하다

법의학,
Forensic Medicine
for the Artwork Autopsy
예술작품을 해부하다

문국진 지음

이야기가있는집

'검시제도' 수립의
밑거름이 되기를 바라며

과거에는 정치를 잘하는 국가라면 국민을 잘 먹이고, 잘 교육하고, 잘 돌보는 것으로 족했다. 하지만 현대에 이르러서는 죽은 이의 사인死因을 철저히 조사하여 억울한 죽음이 없도록 한다. 그리도 죽음 다음의 사후인권을 옹호하기 위한 노력까지도 선진 복지국가의 개념에 포함하게 되었다. 이에 모든 선진국에서는 어떻게 하면 사인을 철저히 밝혀 억울한 죽음이 없도록 하기 위해 많은 신경을 쓰게 되었다. 이러한 실제적인 문제를 해결하기 위해 검시제도에 상당한 비중을 두고 있다.

  그런데 그 억울함을 밝히고 풀어주는 일이란 그리 쉬운 것이 아니어서, 상당한 학문적 지식과 많은 경험을 필요로 한다. 그래서 선진국에서는 이를 국가적인 제도로 마련하여 국가가 요구하는 전문의 시험에 합격한 법의학 전공 의사를 법의관으로 임명하여 그 신분을 보장한다. 또한 예우를 갖추어 국가적인 '법의관 검시제도'를 실시하고 있어서 국민들로부터 상당한 존경과 신뢰를 받고 있다.

  필자는 '법의학'을 전공한 사람으로서 평소 우리 사회가 검시제도에 대해 제대로 이해하지 못하고 있다고 느껴왔다. 우리나라는 검사, 경찰관, 판사 그리고 의사의 네 직종이 검시에 참여하고 있다. 때문에 검시의 수속 절차에 시간이 많이 들고, 동시에 네 직종에 그 책임이 분산되어 자신의 책임만 완수하면 된다는 식의 이른바 원시적 검시제도라할 수 있다.

우리나라에서는 사회에 중대 사건이 발생되면 과학수사, 즉 법의학에 의뢰하면서 그때마다 "이번 사건이 끝나면 '법의관 검시제도'를 사회적으로 실시하여 정착시키겠다"고 정치인들과 수사책임자들은 공언하였다. 그러나 그 약속을 실천한 정치인이나 행정책임자는 아직 한사람도 없었다. 이를 보면 이 문제는 정치적으로나 행정적으로 해결될문제가 아니라 국민들의 각성된 외침이 필요한 것으로 생각된다.

이렇게 법의관 검시제도가 실시되지 않아 사건 발생 후 여러 시일이지나서 감정鑑定을 의뢰받는 경우가 허다하다. 이런 경우에는 증거물이나 시신의 부패 변질로 감정이 불가능한 경우가 태반이어서 법의학도속수무책인 경우가 많다.

그러던 어느 날 신문 보도에서 러시아의 음악가 차이콥스키의 사인이 1년에 세 번이나 바뀌었다는 사실에 주목하게 되었다. 그의 사인을어느 법의학자가 취급했는지를 조사해봤지만 찾을 수 없었다. 이것이계기가 되어 각종 문건을 검색해봤더니 차이콥스키의 사인을 당시 러시아 정부는 '콜레라'로 사망하였다고 공식 발표했음을 알게 되었다.

그러나 차이콥스키는 법률학교를 졸업하였으며, 동성애자라는 것이 밝혀져 명예재판을 통해 사약을 마시고 사망한, 일종의 강요된 자살이라는 것을 알게 되었다.

따라서 저자는 고인과 관계되는 문건이나 그들이 남긴 유물, 창작물 등을 검체로 분석하여 법의학이 목적하는 인권의 침해 여부나 사인 등을 가려낼 수 있는 가능성이 있다는 것을 알게 되었다.

그 가능성 여부를 시험하는 첫 번째 시도로 화가 반 고흐와 그의 작품을 선택하였다. 그 이유는 고흐는 권총 자살한 것으로 알려졌는데, 이틀이 지나서야 사망했기 때문에 타살 또는 사고사라는 의견이 분분했다. 그의 사인에 대해서는 많은 의문을 남기고 있다.

그의 작품과 문헌들을 검색한 결과 그가 그림을 그릴 때마다 그의 동생에게 보낸 편지 800통과 당시 주변사람들의 진술 그리고 그의 작품을 분석하여 그의 사인은 '총창으로 인한 급성범발성 복막염'이며 '자살'이라는 것을 알아냈다. 이를 《반 고흐 죽음의 비밀》(2003, 예담)이라는 저술로 펴낸 바 있다.

결국 사건과 관계되는 문건이나 그들이 남긴 유물, 특히 예술가의 경우 작품들을 검체檢體로 분석하여 법의학이 목적하는 인권의 침해 여부나 사인 등을 가려낼 수는 있다는 것을 알게 되었다.

인권침해 사건의 경우, 특히 예술작품을 통한 법의학적 검색은 새로운 법의학적 감정 방법으로 이러한 법의학 분야를 '법의탐적론法醫探跡論, Medicolegal Pursuitgraphy'이라고 칭하였다. 이러한 분석결과는 예술계에는 과학적 지식 보급에 새로운 길을 개척하는 것이 되며, 일반국민들에게 예술작품 감상에 새로운 감상 방법도 될 수 있을 것이다.

이처럼 미술작품을 법의학적 지식으로 분석하는 작업의 시도는 아마도 세계적으로도 처음 있는 일이기에 독자들의 반응과 솔직한 의견 교류가 필요하다고 생각되었다. 그래서 30여 년에 걸쳐 여러 잡지나 신문 등의 매체를 통해 이에 대한 글을 게재하였고, 독자들의 이해와 호응을 얻을 수 있었다.

최근 필자는 강의 요청을 많이 받고 있다. 이에 취지와 테마에 맞게 그간 저술이나 잡지 등에 기고한 글을 묶어 강의 요지를 만들어 사용하고 있다. 그 중 몇 개의 의사단체와 미술단체에서 '법의탐적론'이라는 용어가 낯설고 어렵게 느껴진다는 이야기를 많이 들었다. 그래서 '예술법의학' 또는 '의학탐정의 예술'이라고 하는 것이 어떻겠느냐는 의견을 주기도 했다. 많은 고민과 동료 학자들과의 상의를 통해 '예술작품도 해부하는 법의학'이 이해하기도 쉬울 것이라는 의견이 많아 이를 따라 이 책의 제목을《법의학, 예술작품을 해부하다》로 정했다.

예술작품을 법의학적으로 해부하면서 예술가들이 작품을 창조하는 작업은, 마치 의사들이 환자의 상태를 문진과 검진으로 알아내는 것과 비슷하게, 작품 대상에 대한 예술적인 가치 판단으로 분석하는 천재적인 창의력을 발휘하는 것임을 알게 되었다. 그래서 환청幻聽과 신의 계시啓示, 신내림 같은 불가사의하고 이해되지 않는 현상도 한 장의 그림으로 쉽게 납득할 수 있도록 표현한 작품들을 만날 수 있었다.

이렇게 알아낸 사실들 중에서 특이하다고나 새롭다고 생각 되는 사실과　지식들은 사회에 환원하고 가야겠다는 생각에서 그간 발간되었던 저서들 중에서 〈작품의 불가사의한 내용을 해명한 글과 그림〉, 〈예술작품을 해부하여 억울한 권리침해를 밝힐 수 있었던 글과 그림〉 그리고 〈예술작품 해부로 사인을 구명한 글과 그림〉들을 모아서 《법의학, 예술작품을 해부하다》로 출간하게 되었다. '법의관 검시제도'가 실시되고 있지 않는 나라에서 그나마 이렇게 예술작품을 해부하는 방법도 중요한 감정방법이 될 수 있음을 밝혀 억울한 입장에 처하는 사람이 없기를 바라는 마음 간절하다.

　　이 책은 앞으로 예술작품을 사랑하는 의학도나 법과학도 또는 예술가나 문필가들에 의해 실용적인 학문으로 발전될 수 있다고 저자는 확신하며 이러한 기대가 머지 않는 미래가 되기를 바라는 마음 또한 간절하다.

　　이 책을 펴내는 것을 기꺼이 맡아주신 이야기있는집 출판의 김우진 대표와 밤낮을 가리지 않고 책 펴내기에 골몰했던 편집부 직원 여러분의 노고에 심심한 위로와 감사를 드린다.

여의도 지상재知床齋에서

유포柳浦 문국진文國鎭

목차

Part 02. 법의학,
예술작품 속 권리침해의 억울함을 가려내다

Part 03. 법의학,
예술작품을 해부하여 죽음의 원인을 밝혀내다

Part 01

법의학,
예술작품의 불가사의를
해부하다

죽음 그 너머에서
보이는 것

살아있는 사람은 어느 누구도 죽음을 피할 수 없다. 하지만 죽음에 대해 두려움을 느끼는 사람들은 이에 대해 생각하거나 이야기하고 싶어 하지 않는다. 아마도 생에 대한 강한 애착과 함께 죽음에 대한 거부감 때문일 것이다. 또한 사후세계에 대해 확실히 아는 사람은 없다. 단지 종교와 철학만이 그 영역을 설명해왔으며, 과학은 근래에 와서야 관심을 보이기 시작했다.

저자는 의학을 공부하면서 죽음의 과정에 들어선 많은 사람을 대했고, 또 많은 시신을 다루는 과정에서 느낀 죽음에 대해서 그리고 죽음에 대한 철학에 대해 잠시 말하려고 한다.

사람들이 모든 일에 전력투구하게 되는 것은 시간은 되돌릴 수 없기 때문이다. 만일 시간을 되돌릴 수만 있다면 인생은 무한한 것이 되기 때문에 귀중한 것이라는 의미는 사라지고 말 것이다. 우리가 시간을 아끼고 살아가는 기쁨과 즐거움을 깊이 새길 수 있는 것은 죽음이 유한한 인생으로 만들어주기 때문이다. 그렇기 때문에 죽음을 두려워하여 멀리 하려고만 할 것이 아니라, 인간이라면 피할 수 없는 죽음에 대한 진실을 아는 것이 필요하다고 생각된다. 그래서 여러 임사체험자의 진술과 예술작품을 통하여 사후세계로까지 영역을 넓혀 죽음을 이해해보기로 한다. 죽음은 삶의 한 과정이기 때문에 삶의 의미를 되짚어보는 데 필요한 과정이라고 생각한다.

죽을 때 보이는 것

최근에 이르러서야 의사와 과학자들은 죽음의 문턱까지 갔다가 살아돌아온 이들이 털어놓은 '죽음의 이미지 체험'에 대해 분석하기 시작했다. 그리고 죽음의 문턱에서 특이한 현상을 경험한 사람들이 의외로 많다는 사실을 알게 되면서, '임사체험臨死體驗, Near Death Experience'이라는 용어를 사용하게 되었다.

임사체험자들이 털어놓은 이야기를 종합해보면 몇 가지 공통된 현상이 있다. 그 하나로 자신의 몸에서 영혼이 이탈하는 것을 체험했다고 하는데, 이를 '체외이탈體外離脫, Out of Body Experience'이라고 한다. 체외이탈 현상과 더불어 빛이 온몸을 감싸기도 하며, 넓은 꽃밭을 거닐기도 하고, 죽은 가족들과 상봉하기도 한다.

체외이탈 연구는 19세기 말 스위스의 지질학자 알베르트 하임Albert Heim, 1849~1937이 시작했다. 그는 알프스를 등반하다가 조난을 당한 적이 있는데, 사경을 헤매던 중 체외이탈을 경험했다. 그 후 하임은 비슷한 경험을 한 등산가와 군인 등의 사례를 모으기 시작했다.

1970년대에 들어서 미국에서는 체외이탈 연구가 활발하게 진행되었다. 정신과 의사 레이먼드 무디 2세Raymond Moody Jr.는 당시 사망 판정을 받은 후 살아난 사람들의 체험을 수집해 《사후의 세계Life after Life》(1975)라는 책을 펴냈다. 그 후 죽음학의 대가로 불리는 엘리자베스 퀴블러 로스Elisabeth Kubler-Ross, 1926~2004도 체외이탈을 체험한 사람들의 이야기를 모아 《사후 생On Life After Death》(1991)이라는 책을 펴냈다. 이렇게 보고된 사례가 지금까지 수십만 건에 달한다.

그들의 체험이 반드시 일치되는 것은 아니지만, 이러한 사람들의 체험담을 종합해보면 다음과 같다.

영혼의 체외이탈 → 깜깜한 터널을 지나는 터널 체험 → 빛과의 만남 → 저승 도착 → 지나온 생에 대한 반성적 회고 → 장벽障壁과의 만남 → 육체로의 회귀

이러한 경험을 한 사람들은 촉감은 있지만 아픈 것은 느끼지 못했다고 한다. 이때까지 보고된 체외이탈이나 임사체험 경험에 대해서는 그것이 현실 세계에서의 실제적인 체험이건, 아니면 단지 뇌에서 느낀

환각이나 환상이건 간에 그것을 보고 느꼈다는 것 자체에 대해서는 별다른 의견을 내세울 수가 없다. 따라서 체외이탈과 임사체험처럼 생사를 가르는 순간에 체험되는 현상을 묶어 '임사현상Near Death Phenomena'으로 표현하기로 한다.

이 세상 끝의 가장 아름다운 여행

임사현상의 내용을 그림으로 표현한 화가가 있다. 네덜란드의 히에로니무스 보스Hieronimus Bosch, 1450~1516는 〈가장 높은 하늘로의 승천〉(1500~1504)이라는 작품을 남겼는데, 이 중에서 〈천국과 지옥〉이라는 넉 장으로 된 제단화 중 하나인 〈천국으로의 승천〉을 보자. 선택된 자의 영혼은 중력의 법칙에서 벗어나 하늘에서 내리는 빛과 천사들의 도움을 받아 천상으로 올라가고 있다. 그 과정에 터널이 있는데 물리적인 터널이 아니라 시공간을 초월한 깔때기 모양의 터널로, 죽은 이는 이 터널을 통과하여 나아가고 있다. 터널의 출구에는 매우 밝은 빛이 보인다. "하얀 빛이 눈부셔서 눈을 뜰 수 없을 정도였다"라는 임사현상 체험자의 이야기와 일치되는 표현이다.

과연 보스는 직접 경험하지 않고서 상상력만으로 그린 것일까, 아니면 체외이탈을 직접 경험한 것일까. 물론 임사현상 체험자의 진술을 토대로 그린 것인지는 그 정보를 찾을 수가 없다. 하지만 임사현상 체

히에로니무스 보스Hieronymus Bosch,
〈천국으로의 승천Paradise-Ascent of the Blessed〉,
1490, 패널에 유채, 86.5×39.5cm, 두칼레 궁
전Palazzo Ducale, 베네치아, 이탈리아

험자들의 진술과 매우 흡사한 표현을 하고 있다는 데 놀라움을 감출 수가 없다.

한편 임사 체험자들이 한결같이 털어놓는 고백이 있다. "저세상은 너무도 아름다워 이승과 비교할 수도 없다." 말로 표현할 수 없이 아름다운 저세상을 보고 난 후에는 이승에서의 삶이 싫어졌다고 말하는 사람도 많았다. 그러나 가장 이상한 예는 자살 미수에 그친 사람들이다. 그들은 체외이탈을 체험한 뒤 아주 캄캄한 곳에 있었으며, 아무도 자신을 돌보지 않아 강한 고립감이 들었다고 한다. 자살을 시도한 사람들 가운데 빛의 존재를 만난 이는 한 명도 없었다.

현재 임사현상과 사후세계의 연계에 대해 이원론二元論과 수반현상론隨伴現象論, Epiphenomena theory이라는 두 갈래의 주장이 있다. 이원론은 임사현상과 사후세계는 연결되어 있으며 그것은 사람의 육체와 분리되어 있던 혼, 즉 의식이 확대되어 느끼는 현상이라는 주장이다. 반면 수반현상론은 임사현상이 인간의 뇌 속에 있는 신경세포인 뉴런neuron의 활동에 수반되는 현상이라는 주장이다. 이 두 주장의 대립은 완전히 죽었던 사람이 되살아오거나, 아니면 사후세계를 객관적으로 입증할 수 있는 수단이 나오기 전에는 역시 해결되지 않을 것이다.

마치 망원경이 없던 과거에 우주의 신비를 논하던 일과 같다. 망원경이 발명되지 않았다면, 그리고 갈릴레오가 망원경을 통해 달과 목성을 관찰하지 않았다면 우리들은 아직도 천동설이 옳으니 지동설이 옳으니 하며 논의를 거듭하고 있을 것이다. 더욱이 은하의 존재 자체와 태양계가 은하의 일부라는 사실은 알지도 못했을 것이다.

이원론에 의하면 사람은 진화에 의해 의식을 지니게 되었다고 한다. "나는 생각한다. 고로 나는 존재한다"라는 말처럼 의식은 우리를 존재하게 해주는 필수적인 그 어떤 요소로 점점 발전해가고 있다. 많은 사람이 막연하나마 육체 이외에 영혼이 존재할 것이라 믿고, 내세에 대한 나름대로의 생각으로 예술과 철학 그리고 문학 등에 반영해왔다.

영혼이 존재한다는 생각은 결국 이승과 저승이 존재한다는 믿음의 근거가 되었다. 이러한 생각은 사람들의 일상생활과 연계되어 하나의 세계관을 이루고 있다는 점도 부인할 수 없다. 또한 이러한 생각은 인류 문화의 한 부분으로 기능해왔고, 현대 사회에서도 확실히 제몫의 기능을 하고 있다.

이렇듯 영혼과 육체, 죽음과 생, 임사현상과 사후세계는 우리 사회에서 계속해서 논의되고 있다. 또한 어떤 의미에서는 삶을 더 가치 있게 하는 데 일조하고 있다. 하지만 이에 대한 연구는 망원경 없이 천체에 관해 논하던 그때처럼 아직도 걸음마 수준이다. 과학의 각 분야 전문가들은 자신의 분야와는 관계되지 않는다고 방관할 것이 아니라, 이미지의 영역에 대해 관심과 지혜를 모을 필요가 있는 것이다.

이 글을 쓰면서 죽음의 이미지가 사람들이 생각하는 것만큼 두렵고 무서운 것은 아니라는 점에 관심이 갔다. 임사현상 체험자들의 진술에 의하면 일단 죽음의 과정에 들어서게 되는 순간 고통 없이 편안하며, 이 세상과는 비교할 수 없이 아름다운 광경이 펼쳐진다는 점에 주목하였다. 그리고 죽음을 편안하고 아름다운 곳으로 떠나는 인생의 마지막 여행으로 생각하고 마음의 준비를 하는 것이 현명할 것이다.

신의 계시를 받은
사람들

간질癎疾, Epilepsy이라는 말은 '외부의 악령에 의해 영혼이 사로잡히다'
라는 뜻의 그리스어에서 유래되었다. 지금은 이를 '뇌전증腦電症'이라고
한다. 뇌전증은 그리스 시대 이전에 이미 '신에 의해 발생된 병으로 특
별한 치료가 없다'고 해서 '신성병'이라고 불리었을 만큼 예로부터 현
대까지 인류를 괴롭혀온 질병이다.

성서에도 예수가 간질발작을 일으킨 소년에게서 악령을 몰아내 치
료하는 장면이 나온다(마태복음 17:14; 마가복음 9:17; 누가복음 9:38). 이
러한 성서의 내용을 영국의 화가 해롤드 코핑Harold Copping, 1863~1932은 그
림으로 작품화하였다. 역사적으로 유명한 소크라테스, 피타고라스, 시
저, 알렉산더 대왕, 나폴레옹, 시인 바이런, 도스토옙스키, 모파상, 단
테, 반 고흐, 알프레드 노벨, 잔 다르크 등 많은 위인이 뇌전증 환자였

해롤드 코핑Harold Copping, 〈뇌전증 소년을 치료하는 예수Jesus Heals the Epileptic boy〉(마태복음 17:14; 마가복음 9:17; 누가복음 9:38)

다고 한다.

뇌전증은 신경세포의 갑작스런 이상흥분에 의해 발생되는 증상을 발작이라 하고, 이러한 발작이 특별한 원인 없이 반복적으로 재발되는 경우를 뇌전증이라고 한다. 뇌전증 가운데서도 측두엽側頭葉 뇌전증이 있다. 이는 의식의 상실이나 경련을 동반하지 않고, 단지 발작이 일어나면 청각, 시각, 후각 및 촉각 등 다섯 감각에 이상을 느끼며 잠시 동안 망연자실茫然自失 상태가 되거나 입을 씰룩거리는 증상이 나타난다.

측두엽 뇌전증을 앓은 사람으로는 도스토옙스키, 루이스 캐롤, 아이작 뉴턴, 구스타브 플로베르 같은 천재와 종교적 인물로는 마호메트, 모세, 붓다, 잔 다르크 등을 들 수 있는데 여기서는 잔 다르크에 대해서 살펴보기로 한다.

잔 다르크Jeanne d'Arc, 1412~1431는 프랑스의 로렌 주 동레미 마을의 독실한 기독교 신자인 한 소작농의 딸로 태어났다. 동레미는 프랑스 북동부지역의 작은 마을로 신성로마제국과 프랑스의 접경지역이고, 부르고뉴 공국과도 경계를 맞대고 있어 국가 간 분쟁 시기에 환란이 심했던 지역이었다.

잔 다르크는 영국 군인에게 강간을 당한 후 죽게 된 언니의 억울한 죽음에 원망과 분노에 휩싸여 잠들지 못하는 슬픈 나날을 보내야 했다. 그로 인해 신앙에 귀의하여 위로를 받았다. 그러던 1429년의 어느 날, 강한 빛이 잔 다르크를 비추며 "프랑스를 구하라"는 신의 음성을 듣게 된다. 신의 계시를 받은 잔 다르크는 비록 여자의 몸이지만 나라

페테르 파울 루벤스Peter Paul Rubens(1577년 6월 28일~1640년 5월 30일), 〈기도하는 잔 다르크Jeanne d'arc〉
1618~1620, 캔버스에 유채, 191.6×116.2cm, 노스캐롤라이나미술관

를 구해야겠다는 신념으로 고향을 떠나 루아르 강변에 있는 시농 성^城의 샤를 황태자(훗날의 샤를 7세)를 찾아갔다.

당시 프랑스는 왕위 즉위식을 올리던 '랭스' 지역을 영국군과 영국에 협력하는 부르고뉴 파^派 군대에 빼앗겨 즉위식을 치르지 못하게 되었다. 이러한 절망적인 상황에 신의 계시를 받았다는 처녀 투사가 나타나 나라를 구하고, 왕위 즉위식을 올리게 하겠다는 약속을 하자, 잔 다르크에게 프랑스는 희망을 거는 모험을 하게 된다.

전쟁에 지쳐 있던 프랑스 국민과 병사들은 신의 계시를 받은 잔 다르크에게 힘입어 사기가 충천해졌고, 전투에서 영국군을 과감하게 격파해나갔다. 이러한 상황의 잔 다르크의 모습을 그림으로 표현한 작품으로는 네덜란드의 화가 루벤스^{Peter Paul Rubens, 1577~1640}의 〈기도하는 잔 다르크〉(1618~1620)가 있다. 잔 다르크는 전투 중에 몸이 지치고 마음이 약해지면 하늘을 우러러 보면서 두 손 모아 '영국군을 물리칠 수 있는 용기와 힘을 주소서'라는 기도를 올렸다. 루벤스는 신으로부터 받은 명령을 완수하겠다는 강한 의지를 표현하는 용감한 모습으로 잔 다르크를 표현하였다.

결국 잔 다르크의 용맹함에 힘입어 오랫동안 영국에 점령당했던 오를레앙을 해방시켰다. 랭스까지 진격한 잔 다르크는 1429년 7월 17일 샤를의 대관식을 랭스 대성당에서 거행하게 되었다. 이로써 샤를 7세는 명실 공히 프랑스의 왕이 되었다.

그러나 막상 왕이 된 샤를 7세는 더 이상 잔 다르크의 권고에 귀를 기울이지 않았으며, 더 이상 군사를 지원하지 않았다. 결국 잔 다르크는 1430년 퐁피에누 전투에서 영국군에 잡혀 포로가 되었다. 그러나 프랑스 왕실은 포로가 된 그녀를 외면했다.

그 이유는 아르마냐크의 귀족들로서는 농민 출신의 소녀가 귀족이 된 것은 자신들의 지위를 흔드는 것으로 마치 굴러온 돌이 박힌 돌을 뽑아내는 것으로 생각했다. 또한 잔 다르크가 왕으로부터 지나친 총애를 받게 되면 자신들이 소외될 것이라고 생각했다.

포로가 된 잔 다르크는 종교재판을 받게 되었고, 마녀라는 판결을 받게 된다. 잔 다르크가 마녀로 몰리게 된 것은 그녀의 신앙에 의심스러운 부분이 있다는 이유에서였다. 즉 교황을 정점으로 한 추기경, 주교 등의 위계질서가 있는데, 천한 신분의 잔 다르크가 신과 직접 만났다고 주장하는 것을 문제로 삼았다. 이에 '피에르 코숑Pierre Cauchon' 주교는 잔 다르크를 마녀재판에 회부한 것이다.

결국 모두에게 버림받은 그녀는 홀로 자신을 지키기 위한 싸움을 할 수밖에 없었다. 당시 재판에서 자신의 믿음과 신의 계시를 받은 것에 대해 진술한 것을 요약하면 다음과 같다.

그녀는 열세 살 때 신의 소리를 처음 들었는데, 자신의 집 우측에 있는 교회로부터 강한 빛과 함께 들려왔다. 처음에는 자신의 귀를 의심했다. 하지만 위엄 있는 음성에 신의 소리라는 것을 확신하였다. 이후 천사의 소리도 함께 들려왔으며, 1429년의 "프랑스를 구하라"는 뚜렷하고 확실한 신의 음성이 들려왔다. 이에 그녀는 모든 것을 포기하고 샤를 황태자에게로 달려갔다고 진술했다.

하지만 그녀를 지켜줄 어떤 변호인이나 자문관도 없었으며, 비공개 재판으로 변호의 기회도 주어지지 않았다. 때문에 교황에게 항소할 기회는 막혀버렸다. 이러한 불리한 여건 속에서도 잔 다르크는 당당하게 70개의 죄목을 12개로 줄이며 이들과 맞섰지만, 결국 종신형을 언도받았다. 그리고 곧이어 5월 29일 법정에 회부되어 화형 판결을 받고, 바로 다음 날인 5월 30일, 열아홉 살의 나이에 생을 마감하게 된다.

잔 다르크가 사망한 지 18년 뒤인 1449년 샤를 7세는 영국이 점령하고 있던 루앙을 탈환하는 데 성공했다. 그리고 1450년에는 자신이 버렸던 잔 다르크에 대한 생각이 달라졌는지, 아니면 자신의 즉위 과정을 합법적으로 만들어야겠다고 생각하였는지 잔 다르크의 재판을 재검토할 것을 명령했다. 이 재판은 교회법에 따라 전 유럽에서 온 성직자들이 참가했으며, 1456년 잔 다르크가 결백하였음이 밝혀짐으로써 순교자가 되었다.

신의 계시를 받은 성 바울을 보자. 가장 널리 알려진 그의 일생에 대해서는 〈사도행전Acts of the Apostles〉 9장에 등장한다. 사도가 되기 이전 바울의 본래 이름은 사울이었으며, 그는 그리스도교 박해자였다. 그리스도 교인들을 체포하기 위한 권한을 얻기 위해 다마스쿠스Damascus의 유대교당으로 향하던 도중, 사울은 하늘에서 갑작스럽게 내려오는 빛에

미켈란젤로 메리시 다 카라바조Michelangelo Merisi da Caravaggio, 〈성 바울의 회심Conversion on the Way to Damascus〉, 1601, 캔버스에 유채, 230×175cm, 산타 마리아 델 포폴로 성당

의해 눈이 멀어 땅에 쓰러진다. 그리고 "나는 네가 박해하는 예수다, 너는 일어나 시내로 들어가거라"는 신의 목소리를 듣게 된다. 이 사건 이후로 사울은 그리스도교로 개종하게 된다.

이러한 내용을 바탕으로 한 이탈리아의 화가 카라바조^{Michelangelo Meri si da Caravaggio, 1571~1610}의 〈성 바울의 회심〉(1600~1601)은 빛과 함께 들리는 신의 목소리에 놀란 바울이 말에서 떨어지는 모습으로 표현하였다.

이 두 가지 사례가 측두엽 뇌전증 환자들을 표현한 것으로, 의식의 상실이나 경련을 동반하지 않고 청각과 시각의 이상발작으로 강한 빛과 더불어 신의 음성을 듣는 신기한 현상을 경험하게 된 것이다. 이를 통해 잔 다르크는 나라를 위해 목숨을 바쳐 싸웠으며, 바울은 개심하여 믿음을 갖게 된 것이다.

병적 발작에 대한 문학적 표현으로
의료계에 기여한 도스토옙스키

예술가들에 대한 사람들의 생각과 평가에는 차이가 크다. 예술가들을
천재라고 평가하는가 하면, 어떤 이들은 이상한 성격을 지닌 사람들이
라고도 한다. 이 문제는 다루기에 껄끄럽지만, 예술가들을 평하는 그
이면을 살펴보면 병적인 상태건 아니건 간에 일반 사람들보다 즐거움
이나 어려움을 모두 경험하고 감수하면서 포기하지 않고 인내심을 가
지고 진실을 밝혀냄으로써 걸작을 탄생시켰다.

　뇌전증(간질)을 앓으면서도 위대한 걸작을 낸 러시아의 작가 표도르
도스토옙스키Fyodor Mikhailovich Dostoevsky, 1821~1881의 작품을 통해 그러한 사
실을 알아보자.

일리야 레핀Ilya Repin, 〈톨스토이의 초상Portrait of Leo Tolstoy〉, 1887, 캔버스에 유채, 88×124cm, 트레티야코프 미술관
Tretyakov Gallery, 모스크바, 러시아

도스토옙스키는 러시아가 낳은 천재적 작가로, 세계의 문학과 사상 계에 많은 영향을 미쳤다. 하지만 가난한 군의관의 둘째 아들로 태어난 그는 매우 불행한 환경에서 성장했다. 아버지는 모스크바 빈민병원에서 일을 했으며, 잔인할 정도로 엄격한 성격의 소유자였다. 종교적이고 온화한 성격의 어머니와는 달리, 아버지의 거친 이미지는 도스토옙스키에게 큰 영향을 미쳤다. 도스토옙스키가 유년시절을 보낸 곳은 그의 아버지가 의사로 일하던 빈민병원이었는데, 그 병원의 많은 환자가 모두 가난하고 억눌린 사람들, 사회에서 버림받은 사람들이었다.

어린 도스토옙스키는 이들과 대화하기를 즐겼다. '가난의 심리학'의 대가가 될 씨앗이 여기서부터 자랐던 것이다. 물론 작가 스스로도 평생을 가난의 굴레에서 허덕였다. 열여섯 살의 어린 나이에 어머니를 여의고, 열여덟 살 때 아버지가 농노들에게 살해되었다는 소식을 듣고 발작 증세를 일으켰다. 이후 그는 고아로 외롭게 지내며 불행한 삶을 살았다.

청년이 되어서는 사회주의 운동에 가담했다는 이유로 체포되어 사형선고를 받았다. 사형수들을 수송하는 열차가 간이역에 멈췄을 때 도스토옙스키는 한 부인으로부터 작은 책 한 권을 받았다. 그것은 성경이었다. 그는 감옥에서 사형 집행을 기다리면서 성경을 읽고 또 읽었다. 어느 날 성경을 읽던 도스토옙스키는 성경책에서 들려오는 하느님의 음성을 들었다. 그리고 "누가 그리스도는 진리가 아니라고 증언한다 할지라도 나는 그와 함께 있고 싶다. 나는 진리보다도 차라리 그리스도와 함께 있고 싶다"라는 신앙 고백을 하게 된다.

총살 직전에 극적으로 황제의 특사를 받게 되어 사형은 면했지만, 시베리아로 유배되어 4년간의 수용소 생활을 하게 된다. 불행한 청년 시절을 보낸 그의 결혼생활도 행복하지 못했다. 서른여섯 살에 맞이한 아내 마리아 이사예프와는 정상적인 결혼생활을 하지 못했고, 그녀는 마흔세 살 젊은 나이에 결핵으로 사망하였다. 삼 년 후 재혼하여 아들을 얻었다. 하지만 아들을 안아본 기쁨도 잠깐, 그 어린 아들도 병들어 사망하였다. 설상가상으로 도스토옙스키 자신도 병에 걸리게 되었고, 한평생 이 병에 시달렸다. 그 병이 바로 뇌전증, 즉 간질병이다. 이 병으로 인해 그는 종종 쓰러지고, 정신을 잃곤 하였다. 그러나 그는 이 병을 '거룩한 병'이라고 불렀다. 오직 신앙의 힘으로 병을 이겨낸 그는 고난을 받고, 고통을 받는 만큼 신앙은 빛이 난다고 생각했다. 고난으로 점철된 그에게 신앙은 삶의 의미로 다가왔던 것이다.

도스토옙스키는 자신의 고통을 신앙의 관점으로 보면서 감사했다. 평생 질병과 싸우고, 고난과 시련 속에서 누에고치가 명주실을 뽑아내듯 글을 썼다. 그가 쓴 후기 작품들의 범죄 행각은 실제로 일어났던 사건을 토대로 쓴 것이며, 모두가 시베리아 유형 시절 동료 죄수들의 체험담에서 얻은 것들이었다. 그곳에서 도스토옙스키는 인간의 무능력과 밑바닥 인생에서 깨달음을 얻게 되었다. 또한 그들의 고통을 이해하면서 하느님의 존재와 그 영향에 대해서 고민을 하게 되었다.

그래서인지 그의 작품에는 살해, 자살 등 살인의 형태를 띠고 있는 범죄가 많이 등장한다. 이러한 살인의 각종 변이형은 질병과 밀접한 관계가 있다. 그 중 뇌전증은 인간을 신경증적 분열로 인도하여 살인에 이르게 한다고 생각했고, 이러한 방식은 도스토옙스키 작품의 거의 공식화된 패턴이 되었다.

정신분석 전문가들은 도스토옙스키가 그의 작품에서 표현한 뇌전증과 살인의 관계에 주목하였고, 작가의 내면에 잠재된 심리에 대한 여러 가설을 세웠다. 예를 들어 그의 작품《백치》《악령》《카라마조프 형제들》에서는 간질과 살인의 상관관계에 대해 보여주고 있다. 작품 속에서 뇌전증 발작과 환희, 격분상태에 대한 자세한 묘사가 두드러지는 것은 도스토옙스키 자신도 실제로 측두엽 뇌전증 환자였기 때문이라는 것이다.

측두엽 뇌전증이란 무엇일까? 뇌전증의 일종인 측두엽 뇌전증은 의식의 상실이나 경련을 동반하지 않는다. 환자는 발작이 일어나면 청각, 시각, 후각 및 촉각에 이상을 느끼며 잠시 동안 망연자실 상태가 되거나 입을 씰룩거리며 움직이는 증상이 나타난다.

또 발작이 일어나지 않은 상태에서도 특색 있는 증상을 보이는 게슈빈트증후군Geschwind syndrome이라는 증상들이 나타나기도 한다. 즉 종교나 도덕성에 과잉으로 집착하며, 성에 대해 극단적인 태도를 보이기도 한다. 그 중 가장 특징적인 증상은 글을 쓰려는 욕구를 주체하지 못해 계속해서 글을 써내려가는 하이퍼그라피아Hypergraphia라는 상태에 빠지게 된다는 것이다.

도스토옙스키는 자기의 작품인 《백치》《악령》《카라마조프 형제들》 등의 주인공들을 자신과 같은 측두엽 뇌전증 환자들로 등장시켜 그들의 입을 통해 게슈빈트증후군의 증상을 이야기한다. 극히 짧은 뇌전증 발작의 순간을, 전 생애를 던져도 좋다고 할 정도로 아름다움과 격분에 충만한 순간으로 표현했다.

"발작이 일어나기 바로 직전에 우울한 정신적 암흑과 압박을 헤치고 갑자기 뇌수가 불타오르는 듯이 활동한다. 삶에 대한 직감이나 자기의식이 자신이 지닌 것보다 열 배나 되는 힘으로 솟아나는데, 그야말로 아주 짧은 순간에 스치고 지나간다. 그 사이에 지혜와 정서는 이상한 빛으로 변하게 되어 모든 격분, 의혹과 불안은 환희와 희망이 넘치는 신성한 평온경平穩鏡 속으로 녹아드는 느낌을 받는 것이다.

이러한 환희는 발작이 일어나는 마지막 1초(결코 1초보다 길어지지 않음)이며, 이것이 병적이건 병적이 아니건 간에 문제가 되지 않는다. 이 순간을 위해서는 전 생애를 던져도 조금도 아까울 것이 없다. 그렇기 때문에 이 짧은 한 순간 자체가 전 생애와 맞먹는 법열경法悅境에 들게 되는 것이다."

이런 예측불허의 순간적인 증상이 일어나 앞으로 어떤 일이 야기될지에 대한 체험의 표현은 도스토옙스키가 직접 경험했는지에 대해서는 의학적 논쟁을 일으켰다. 그로 인해 도스토옙스키는 근대 뇌전증학의 연구 대상이 되었고, 이러한 표현을 뇌전증의 전조前兆 증상으로 인정할 것인가에 대해 많은 논란이 있었다. 하지만 점차 이에 대한 연구 논문이 많이 발표되면서 도스토옙스키 뇌전증Dostoevsky's epilepsy 또는 엑스타시 전조Ecstatic aura, 황홀 발작Ecstatic seizure이라고 표현하기에 이르렀다. 이처럼 도스토옙스키는 자신의 병인 뇌전증 발작 직전의 전조 증상을 자신의 작품에 창조적으로 표현함으로써 현대 뇌전증학에 기여했다.

성장하는 여성의 변화
신비한 '마미 브레인'

여성의 신체는 남성에 비해서 매우 복잡하고 그 기능도 다양하다. 그 변화가 가장 심한 시기가 첫 달거리(월경)가 시작되는 사춘기다. 남성에는 없는 난소의 활동에 의한 것인데, 이때까지 보지 못했던 신기한 변화가 일어나게 된다.

달거리 때 배란기에 가까워지면 여성의 피부는 부드러워지고, 윤기가 돌고, 아름다워진다. 즉 수컷을 이끄는 아름다움이 자신도 모르게 호르몬에 의해서 조절 유도되는 것이다. 그 후 배란된 난자卵子가 임자를 만나지 못하면 다시 피를 토하게 된다. 이것을 옛사람들은 추한 것이라 숨기고 부끄러워했다. 그러나 이것은 추한 것이 아니고 부끄러워할 것도 아니다. 여성이 아름다움을 간직하고, 아기를 생산할 수 있다는 상징이기 때문이다.

에곤 실레Egon Schiele(1890~1918), 〈엎드린 소녀Girl Reclinig〉, 1911, 캔버스에 유채, 47.5×31.4cm, 개인 소장

달거리의 처음 시작을 초경初經이라 하는데, 이는 여성의 체내에 성주기性週期와 관계된 생리기구가 갖춰져 여성으로서의 역할이 가능하다는 신호이다. 이를 그림으로 잘 표현한 것은 오스트리아의 화가 실레Egon Schiele, 1890~1918가 그린 〈엎드린 소녀〉(1911)이다.

그림에는 울긋불긋한 원색 옷을 입은 소녀가 엎드려 있으며, 아랫도리는 발가벗고 있다. 음부는 붉게 물들어 있고, 치마의 붉은 무늬와 연결되어 음부로부터 피가 흐름을 나타내었다. 이 소녀는 처음 겪는 달거리이기 때문에 이를 모르고 자고 있는 것이다.

이런 현상은 뇌하수체 전엽前葉에서 분비되던 성장 호르몬을 대신해 난소 자극 호르몬에 의해 난소가 여성 호르몬을 분비하게 된다. 그림에서 보는 것과 같이 자신도 모르는 사이에 일어나는 일이다.

이렇게 여성 호르몬이 분비되면 제2차 성징性徵으로 성기의 발육, 체모, 겨드랑털, 거웃陰毛이 나게 된다. 그리고 가슴이 부풀고 골반이 커져 몸매는 물론이고 앞으로의 임신과 출산에 대비하게 되는 것이다. 이런 조건이 갖추어지면, 위대한 인간을 창조할 수 있다는 청신호로 달거리가 나타나는 것이다.

아름답게 변한 여체의 몸매를 잘 표현한 그림으로는 인상파 화가 르누아르Auguste Renoir, 1841~1919가 그린 〈목욕하는 여인들〉(1884~1887)이 있다. 나체의 여인들은 마치 가위로 오려낸 듯한 뚜렷한 윤곽선이 배후의 정경들과 구별되고 있는데, 이 그림의 여인들은 전술한 조건만 갖

피에르 오귀스트 르누아르Pierre-Auguste Renoir(1841~1919), 〈목욕하는 여인들The Large Bathers〉, 1884~1887, 캔버스에 유채,
118×170cm, 필라델피아미술관

추어지면 임신이 가능한 상태이다.

여성이 임신을 하게 되면 이때는 더욱 신기한 몸의 변화가 일어남을 볼 수 있다. 즉 여성이 임신하여 태아가 뱃속에서 자라는 동안 탯줄은 어머니로부터 영양을 공급받는 유일한 보급로가 된다. 또 태아에서 생긴 신진대사의 노폐물 등이 어머니로 운반되어 처리되는 통로인데, 이 통로를 통해 어머니의 희생적인 변화가 일어난다. 그 한 예로 태아가 성장하기 위해서는 칼슘이 많이 요구되는데, 이때 어머니의 뼈와 치아에 있던 칼슘이 녹아 빠져나와 혈액을 통해 태아에게 전달된다. 이러한 일들은 천부적인 사명으로 이루어지는 '어머니 살신殺身의 모성애'라고 할 수 있다.

오스트리아의 화가 구스타프 클림트Gustav Klimt, 1862~1916의 작품 〈희망 II〉(1907~1908)를 보자. 이 그림에는 임신한 임부가 눈을 지그시 감고 입덧의 고통을 참는 듯한 표정을 볼 수 있다. 또 그림의 아랫부분에는 세 여인의 얼굴이 그려져 있는데, 임부가 겪는 신체적 변화와 더불어 정신적 고통, 환멸 그리고 인내를 표현한 것으로 보인다. 화가의 특징적인 방식으로 표현된 여러 모양의 문양과 색들은 몸의 변화와 더불어 일어나는 정신적 변화의 다양성을 드러내고 있다.

이 작품은 '마미 브레인Mommy brain'이라는 의학적 사실과 결부시켜 볼 수 있다. 여성들이 임신을 하게 되면 기억력 감퇴나 정신적 고통, 환멸 등을 느끼게 된다. 이를 마미 브레인이라고 하는데, 이 그림은 그러한

구스타브 클림트Gustav Klimt(1862~1918), 〈희망 Ⅱ Hope Ⅱ〉, 110.5×110.5cm, 캔버스에 유채, 금, 은, 1907~1908, 뉴욕근대미술관

증상을 표현한 것으로 보인다.

최근 뇌 과학의 발달로 임부들의 특징인 '마미 브레인'의 수수께끼가 풀리기 시작했다. 네덜란드 레이던대학Leiden University 연구팀의 연구 결과에 의하면, 여성이 임신을 하게 되면 태아를 보호하기 위해 뇌의 구조에서 조직적 변화를 일으키게 되는데, 이로 인해 기억력 감퇴나 고통, 환멸 등의 증상이 나타나는 것이라고 한다.

임신한 여성의 뇌 조직 구성에서 변화를 일으키는 부위는 주로 신경세포의 집단인 회백질灰白質, Gray matter과 해마海馬, Hippocampus라는 '사회적 신호Social message' 기억의 기능을 담당하는 부위다.

또 레이던대학의 뇌 과학자 엘세리네 호크제마Elseline Hoekzema 교수에 의하면 임신기간에는 호르몬의 영향으로 급격하게 몸의 변화가 진행된다고 한다. 몸 안의 혈액량이 증가하고, 영양을 흡수하는 기능이 항진되는데, 특히 뇌의 기능이 극적인 변화를 일으키게 된다. 이때 뇌조직의 변화는 회백질뿐만 아니라 해마에도 변화가 일어나는데, 두 부위 모두가 축소되면서 기능이 감소하여 뇌세포의 재조직화가 일어난다는 것이다.

이러한 회백질과 해마의 축소는 뱃속 아기의 요구를 감지함으로써 자동적으로 일어나는 변화이다. 두 부위 모두가 기억력을 관장하기 때문에 기억력 감퇴가 일어나지만, 그보다도 중요한 변화도 일어난다. 호크제마 교수의 연구팀은 해마와 회백질 조직이 감소되는 것을 관찰하는 동시에, 이러한 변화와 뱃속 태아 상태와의 관계를 알기 위해

MRI를 통한 동시정밀촬영을 실시하였다. 그 결과 임부는 외부에서 들어오는 자극보다도 태아의 움직임에 의해 매우 민감하게 반응하는 것을 관찰할 수 있었다.

여성이 임신을 하면 뇌의 재편성이라는 조직 변화가 일어나 신진대사가 바뀌게 되고, 세포 사이의 연결을 재구성하여 엄마의 역할에 대비하게 된다. 즉 뇌가 다른 걱정거리를 차단하고 아기에게만 전념하도록 움직일 수 있게 이런 변화를 일으킨다는 것이다.

이는 나무의 성장을 촉진시키기 위해 작은 가지들을 쳐내 영양분이 본가지에 집중되게 하는 것과 같다. 이러한 변화는 엄마의 몸에서 자동적으로 일어나 신경 써야 할 다른 생각은 잊게 하고, 오직 아기에게만 쏠리게 되는 것이다. 이런 변화로 어떤 희생이 있더라도 살신적인 모성애를 발휘하게 되는 것이다. 경이로운 몸의 변화에 감탄함은 물론, 존경심마저 들게 한다.

사모화를 그린 세 명의 화가,
동성애자가 되다

이탈리아 르네상스 미술의 세 거장들은 일찍이 어머니와의 한스러운 이별로 인해 그리움과 아쉬움을 표현한 사모思母 작품들을 많이 그렸다. 세 거장이 그린 어머니에 대한 그리움을 표현한 작품들에 어떤 공통점이 있는지 살펴보도록 하자.

거장 레오나르도 다 빈치가 사망할 때까지 소중히 간직했던 작품이 있는데, 바로 〈모나리자〉(1504~1508), 〈성 안나와 성 모자〉(1510년 추정), 〈세례자 요한〉(1513~1516) 세 점이다.

이 그림의 주인공들이 짓고 있는 미묘한 미소에 주목할 필요가 있다. 즉 '모나리자'와 같은 미소를 짓고 있는 것은 다 빈치가 자신의 어머니의 모습을 잠재적으로 표현하기 위한 것이었고, 그로 인해 죽을

레오나르도 다 빈치, 〈성 안나와 성 모자Virgin and Child with St. Anne〉, 캔버스에 유채, 168×112cm, 1502~1513년 추정, 루브르박물관, 파리

때까지 곁에 간직하고 있었다고 해석하고 있다.

그러한 그림들 중 〈성 안나와 성 모자〉를 보면 맨 뒤에 자애로운 미소를 짓고 있는 여인은 성 안나로 마리아의 어머니다. 아기 예수가 새끼 양에게 다가가려 하자, 어머니의 무릎에 앉은 마리아는 그런 아기 예수의 행동을 막으려고 한다. 그림은 두 세대를 거친 모성애를 표현하고 있다.

양은 예수의 수난을 상징하는 희생의 동물이기 때문에 마리아는 이를 막으려 한다. 하지만 자신에게서 떨어져나가는 아기 예수를 그저 슬픈 표정으로 바라보고 있다. 다 빈치는 이 그림에서 어머니는 할머니에게서 충분한 사랑을 받은 데 비해, 자신은 너무나 일찍 어머니를 잃은 것에 대한 불만을 표현하기 위해 성 안나를 그림에 도입한 것으로 보인다.

다 빈치의 유명한 그림 〈모나리자〉의 주인공은 지오콘도Francesco dil Giocondo의 세 번째 부인으로, 그녀는 아이를 잃은 슬픔에 잠겨 있었다. 검은 상복을 입고, 눈은 약간 긴장한 듯 보이나 빛이 난다. 속눈썹은 섬세하게 표현되었다. 아름다운 코와 부드럽고 알맞게 다문 장밋빛 입술이 짓고 있는 미소가 이 그림의 가치를 높이고 있다.

〈모나리자〉를 본 후 정신분석학자 프로이트는 〈다 빈치의 유년 시절의 기억〉(1910)이라는 논문을 발표했다. 이 논문은 다 빈치의 수기에서 아주 어렸을 때의 기억 중 요람에 누워 있는 다 빈치에게 수리

레오나르도 다 빈치, 〈모나리자Mona Lisa〉, 16세기경, 포플러에 유채, 53×77cm, 루브르박물관, 파리

한 마리가 날아와 그의 입술을 여러 번 쪼았다는 내용에 주목하였다. 프로이트는 "이 기억은 단순한 것이 아니라, 구강성교口腔性交, Feratio에 대한 환상이 기억과 자리를 바꾼 것이다"라고 말한다. 즉 아기였을 때 어머니의 젖을 빨던 것에서 느낀 쾌감이 나이가 들어 다른 형태로 자리바꿈하고, 그 쾌감이 반복되기를 원하는 데서 비롯된 것이라고 지적하였다.

프로이트는 "소년은 현재 없는 어머니에 대한 사랑을 억누르고, 어머니의 자리에 자신의 어린 모습을 놓아 대치함으로써 자신과 어머니를 동일시하게 되었다. 그렇게 자신을 모델로 그림을 그리며, 자신과 닮은 사람을 사랑의 대상으로 찾기 시작하면서 동성애자가 되었다. 어머니에 대한 그리움으로 자신의 모습을 투영한 〈모나리자〉의 수수께끼 같은 미소에는 자신이 동성애자가 된 이유가 어머니 때문이라는 의미가 포함되어 있다. 이는 관점에 따라 다른 해석이 가능하며, 많은 의미가 내포되어 있다"라고 말했다.

이에 힌트를 얻은 사진작가 릴리언과 라우렌스 슈바르츠는 컴퓨터로 '모나리자'와 '레오나르도 다 빈치'의 초상화를 합성하였다. 그랬더니 그 모습이 꼭 들어맞았다. 이를 〈모나 레오〉(1986)라는 작품으로 내놓아 프로이트의 주장을 뒷받침하였다.

그가 지니고 있던 세 번째 작품인 〈세례자 요한〉은 다 빈치의 마지막 작품으로 세례자 요한을 아름다운 젊은이로 표현하였다. 세 작품

레오나르도 다 빈치, 〈세례자 요한Saint John〉, 1513년, 유채, 69×57cm, 루브르박물관, 파리

중 그 미소가 가장 확실하게 표현된 그림이다. 이 그림은 아마 다 빈치의 젊은 날의 자화상일 것으로 추측된다. 인생의 꿈, 행복에 대한 이상을 실현시킬 수 있는 가정을 이루지는 못했지만, 이를 위해 평생을 노력한 것을 회상하는 의미를 담고 있는 것으로 보인다.

다 빈치는 인간 사회의 미래를 내다보고, 여러 분야에 도움이 되는 많은 교훈을 남겼다. 그러나 그의 인생에서 진정한 꿈은 어머니의 애정이 가득한 평범한 가정에서의 편안한 삶이었을 것이다. 아무리 시대를 초월한 천재라 할지라도 그의 몸에는 뜨거운 피가 흐르고 따스함이 넘치는 미소가 인간 최고의 예술작품이라는 것을 우리에게 시사한 것이라고 생각된다.

미켈란젤로의 조각 작품 〈피에타〉(1448~1500)는 마리아가 죽은 예수를 무릎에 안고 경건함과 측은한 동정의 눈으로 내려다보는 대리석 조각상이다. 숨진 예수를 완전무결한 원근법으로 표현했고, 골격과 근육, 혈관, 관절, 팔의 위치, 무릎, 엉덩이 등 모두가 기적의 소산이라고 할 정도로 정결하게 조각되었다. 볼품없는 바위 덩어리가 예술가의 손에 의해, 진정한 신의 모습을 기적적으로 만들어내었다. 이 작품에는 예술가의 성장배경, 즉 어머니와의 이별과 어머니에 대한 측은한 사랑 그리고 자식에 대한 어머니의 무조건적인 사랑이 내포되어 있다. 자신의 영감과 재능을 다해 차가운 대리석을 어머니의 사랑이 충만한 작품으로 탄생된 것이다.

미켈란젤로, 〈피에타Pietà〉, 1498~1499, 대리암, 174×195cm, 성베드로대성당, 바티칸

그의 많은 작품 중에서 이 조각 작품에만 미켈란젤로는 자신의 이름을 새겨 넣었다. 예수를 안고 있는 마리아가 두른 띠에 자신의 이름을 새겨 넣었는데, 이에 대해서는 다양한 의견이 있다. 어머니의 무한한 사랑을 그리워한 미켈란젤로는 혼신을 다하여 이 작품을 만들었고, 그만큼 애착이 간다는 것을 표현하기 위해서라는 것이다. 또 다른 의견은 어느 날 이 작품이 안치된 방에 관중들이 들어와 이 작품을 보고 격찬하였다. 그 중 한 사람이 다른 이에게 누구의 작품이냐고 물었더니, 우리말로는 곱사등이^{Cristofano Solari}의 작품이라고 했다는 것이다. 이에 불쾌감을 느낀 미켈란젤로는 마리아가 두른 띠에 자기 이름을 새겨 넣어 자신의 작품임을 표시하였다는 것이다.

또 다른 거장 라파엘로 산치오^{Raffaello Sanzio}가 그린 그림 중 〈라 포르나리나〉(1520)는 여러모로 화제가 되고 있다. '라 포르나리나'는 이탈리아어로 '빵집의 딸'이라는 의미다. 이 그림의 모델은 마르게리타 루티^{Margherita Luti}인데, 왜 그림의 제목을 '빵집의 딸'로 붙였는지에 대한 이유와 왜 그녀를 모델로 많은 그림을 그렸는지에 대해 상당한 궁금증이 생긴다.

그녀의 집은 교황청 근처에서 빵집을 하고 있었는데, 어느 날 라파엘로가 교황청으로 가던 중 우연히 빵집 마당 우물에서 발을 씻고 있는 마르게리타를 발견하였다. 그 순간 자신의 어머니와 닮았다는 느낌을 받았고, 가던 길을 멈춰 서서 그녀를 한참이나 바라보았다. 그리고

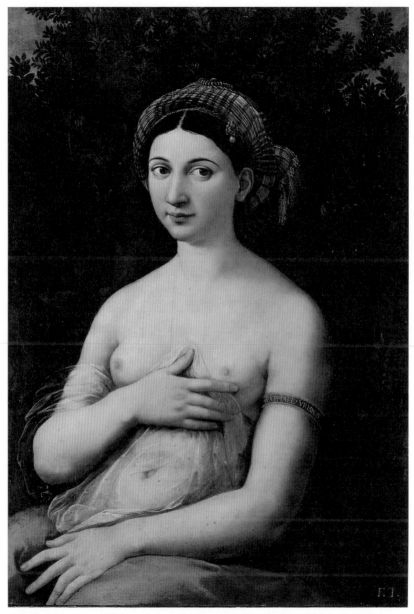

라파엘로 산치오, 〈라 포르나리나La Fornarina〉, 1518~1519, 목판에 유채, 60×85cm, 로마국립고대미술관

자신의 그림에 완벽한 모델이라고 생각했다.

라파엘로는 노력 끝에 마르게리타를 모델로 그림을 그리는 데 성공했다. 그리고 마치 샘에서 물이 솟아나듯이 많은 그림을 그렸다. 결국 라파엘로는 그녀와 열렬한 사랑에 빠지게 된다. 하지만 두 사람은 결혼을 할 수 없었다. 라파엘로는 궁정화가였고, 그녀는 하급 시민이었기 때문에 신분의 차이로 그들의 결혼은 허락받지 못했다. 그래서 그린 것이 〈라 돈나 벨라타〉(1514~1516)이다.

이 그림의 모델 역시 마르게리타이다. 그녀에게 좋은 옷을 입히고, 베일을 쓰게 하여 아름답고 정숙한 모습으로 결혼식을 올리는 귀족의 딸로 변화시킨 것이다. 실제로 결혼은 하지 못했지만, 그림으로나마 아름다운 신부의 모습으로 표현한 것이다.

그런데 이 그림의 모델은 마르게리타를 닮기는 하였으나, 꼭 같은 모습은 아니다. 그것은 마르게리타를 지체 높은 신부로 둔갑시키면서 그 얼굴에 자신의 어머니의 고상한 모습을 혼합하였기 때문이라고 한다. 라파엘로와 마르게리타는 라파엘로가 사망할 때까지 사랑하는 연인으로 살면서 많은 일화를 남겼다.

라파엘로 산치오, 〈라 돈나 벨라타La Donna Velata(베일을 쓴 여자)〉, 1514~1515년, 캔버스에 유채, 82×60.5cm, 피렌체궁전, 피렌체

누다 베리타스Nuda Veritas
여성의 나체에서 보는 진실

구스타프 클림트는 천부적인 재능으로 일찍이 오스트리아 화단에서
기대를 받은 화가이다. 그는 시대적 흐름을 무시한 제도권에 불만을
느껴 뜻을 같이 하는 젊은 화가들과 함께 '빈Wien 분리파分離派'를 결성
했다. 빈 분리파는 '각 시대에는 각 시대의 예술을, 예술가에게는 자유
를'이라는 모토로 출범한 클림트는 빈 분리파 회장으로 선출되었다.

　빈대학은 전통적인 학부인 〈철학〉, 〈의학〉, 〈법학〉의 천장화를 클림
트에게 의뢰했고, 클림트는 대학의 방침대로 이성의 위대함이 인류를
구원한다는 내용을 구상했다. 하지만 〈철학〉이 제7회 분리파 전시회
에서 대중에게 공개되었을 때 엄청난 비난을 받게 된다. 대중은 위대
한 철학자에 대한 찬양의 그림을 기대했기 때문이다.

　클림트는 이 작품에서 관례적이고 서술적인 표현방식에서 벗어나는
파격을 보였다. 그는 대중을 이해하고 만족시키기 위해 철학을 전통적
인 상징으로 표현하지 않고 자신만의 방식으로 표현했다. 배경은 무한
한 우주공간으로 몽환적이면서 사색하는 인물들을 표현하였다. 왼쪽

클림트, 〈철학Philosophy〉(1899~1907), 캔버스에 유채, 430×300cm, 1945년 임멘도르프 성의
화재로 소실

클림트, 〈의학Medicine〉(1900~1907년), 캔버스에 유채, 430×300cm, 1945년 임멘도르프 성의
화재로 소실

클림트, 〈법학Jurisprudence〉(1903~1907), 캔버스에 유채, 430×300cm, 1945년 임멘도르프 성의 화재로 소실

은 벌거벗은 여인들로 기둥을 이루고 있으며, 그 맨 밑의 여인은 정면을 응시하고 있다. 이 작품에서 하단의 여인은 지식을 상징하며, 우주 공간의 배경은 지식의 혼돈 속에서 해답을 찾는 철학적 정신을 나타낸다.

하지만 〈철학〉은 벌거벗은 여인 때문에 발표가 되자마자 빈대학 교수들에게 맹렬한 비난을 받게 된다. 진리의 상징인 대학과 학문에 대한 모독으로 받아들여졌던 것이다. 이 작품은 빈대학 교수뿐만 아니라 당시 지식인들과 종교계에도 엄청난 파문을 일으켜 논란의 대상이 되었다.

그러나 이러한 논란 속에서도 교육부장관 리터 폴 하르텔 박사는 클림트의 작품을 지지하였으며, 이 작품은 제4회 파리 만국박람회에서 금상을 받게 되었다. 그 덕분에 논쟁의 와중에도 〈의학〉 작품을 발표한다. 〈의학〉은 〈철학〉의 맞은편 천장에 위치하기로 되어 있어 구성은 비슷하지만 좌우는 반전이 되어 있다.

화면 오른쪽은 〈철학〉과 마찬가지로 벌거벗은 여인들로 기둥을 이루고 있으며, 왼쪽의 여성은 혼자 서 있다. 여성들은 삶을 상징하고 있으며, 그 사이에 있는 해골은 죽음을 상징한다. 하단 화면 중앙에 정면을 바라보고 있는 여성은 뱀을 팔에 감고 손으로 물을 담은 컵을 들고 있다. 이 여성은 건강의 여신 히게이아Hygeia로 그리스 신화의 의신醫神 아스클레피오스의 딸이다. 클림트는 의학의 목적인 질병의 예방과 치료를 생략하고 인간의 삶과 죽음을 강조했다. 이 작품 역시 〈철학〉과

마찬가지로 벌거벗은 여인들로 의학을 표현한 것에 의학부 교수들로부터 맹렬한 비난을 받았다.

마지막 작품인 〈법학〉역시 비난에서 벗어나지 못했다. 세 여성이 노인을 바라보고 있고, 노인은 고개를 숙인 채 서 있다. 노인을 취조하고 있는 세 여성은 진실과 정의, 법을 집행하고 있으며, 노인은 판결을 기다리고 있는 사람이다. 노인을 감싸고 있는 문어처럼 생긴 동물은 처형자를 상징한다.

문어는 일종의 처형 집행자로서 판결 결과에 따라 그를 삼켜버리는데, 고문을 하는 것같이 표현되었다. 바로 이 문어 또한 여성적 존재임을 인식시킨다. 그것은 무엇보다 노인을 둘러싼 문어의 모양이 마치 자궁의 이미지를 연상시키기 때문이다. 클림트 작품에서 물은 양수羊水이고, 여성의 본체를 표현한 상징물이다.

태아에게 어머니의 자궁은 자신의 모든 기대가 모아지는 장소이다. 그 속은 양수로 채워져 안전하고 따스하며 자애로운 기운으로 가득 차 있어, 태아는 어머니의 사고思考나 감정을 아무런 방해 없이 느낄 수 있다. 양수는 어머니 몸의 생명유지에 필요한 체성분體性分을 뽑아내 자궁으로 옮겨 만들어내는 생리적인 사랑의 발로이며, 모성애의 본체이다. 따라서 자궁 내로 전달되는 여러 메시지 중에서 어느 것이 중요하고 어느 것이 중요하지 않으며, 또 중요한 것에는 어떻게 대응할 것인가 등의 문제를 구별한 후 최종적으로는 그 메시지가 전하는 내용을 기억하게 된다.

양수는 자궁 내에서 아기를 보호하고 자라게 하는 중요한 역할을 한다. 따라서 〈법학〉 작품에서도 여성 역할의 중요성을 강조해 문어의 형태를 자궁 모양으로 표현한 것으로 보인다.

법의 정의보다는 응징을 표현한 이 작품은 〈철학〉, 〈의학〉과 같이 상징하는 것은 같으나 양식적으로는 다르다. 이 작품들은 교육부 장관의 지지를 받아 완성됐지만, 비난 여론 때문에 원래의 목적대로 빈대학 강당을 장식하지는 못했다. 또 계속되는 비난에 클림트는 "예술적 자유를 제한할 권리는 누구에게도 없다"고 단언하면서 학부 회화를 더 이상 그리지 않겠다고 결정했다. 그 후 독지가의 도움을 받아 그 작품들을 회수하였다.

문제가 되었던 핵심은 그림의 벌거벗은 모습으로 서 있는 여인들로, 이는 비난의 대상이 되었다. 하지만 화가는 이 그림 이전에는 여인의 나체를 여러 포즈로 표현한 그림으로 찬사를 받았다. 고대에서 중세에 이르는 여러 극장의 역사적인 장면을 빈의 부르크 극장의 천정에 그린 그림으로, 나체의 여인을 고전주의적 기법으로 표현한 〈타오르미나 극장〉(1886~1888)은 높은 평가를 받아 황제로부터 공로상과 많은 상금을 받았다.

클림트는 여인의 나체화를 그리는 데 상당한 신념을 갖고 임했던 것을 이해할 수 있는 작품이 있다. 그가 1899년에 그린 〈벌거벗은 진실〉

클림트, 〈타오르미나 극장Theater in Taormina〉, 1886~1888년, 400×750cm, 유채, 부르크극장

이라는 작품에서 'Nuda Veritas누다 베리타스', 즉 '벌거벗은 진실'이라는
화제는 분리파의 강령綱領이었다. 클림트는 그림 윗부분의 금색 패널에
독일의 시인 프리드리히 실러Friedrich Schiller의 시에서 다음과 같은 구절
을 적어 넣었다.

"너의 행동과 작품을 통해 모든 사람을 만족시킬 수 없다면,
소수의 사람을 제대로 만족시켜라.
다수를 만족시키려는 생각이 결코 좋은 것만은 아니다."

작품에 새겨져 있는 실러의 글을 통해 클림트가 당시 강조하고 싶
었던 생각과 메시지라고 짐작할 수 있다. 즉 클림트는 이 시의 구절에
서처럼 모든 사람을 만족시키는 예술은 존재하지 않는다는 것을 받아
들이고 있다. 또한 자신이 굳게 믿고 있는 신념인 '진실'은 항상 위험
에 노출되어 있지만, 새롭게 출발할 수 있다는 것을 하단에 뱀을 그려
상징적으로 표현하였다. 즉 권위에 반대하고, 새로운 예술을 지향하는
것은 마치 뱀이 허물을 벗고 새로운 모습으로 출발하는 것과 같다. 그
리고 뱀의 좌우에 묘사된 정자精子는 새로운 진실은 언제나 벌거벗은
나체 속에서 탄생됨을 의미하는 것으로 해석된다.

벌거숭이는 아무것도 감추는 것이 없기 때문에 진실인 것이며, 벌거
숭이 여인이 거울을 들고 있는 것은 그 진실을 바로 보라는 의미이다.

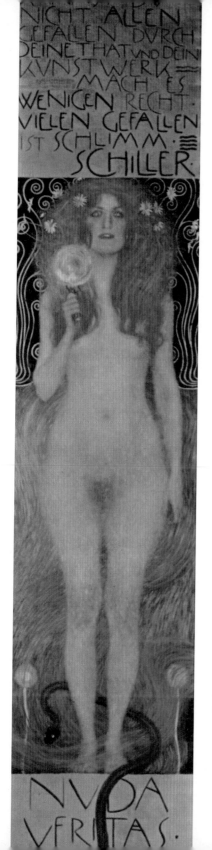

진실을 표현하는 것은 어둠을 밝히기 위해 불을 지피는 것과 같으며, 진실을 밝히는 것은 화가의 몫이라는 것을 표현한 것이다.

고대 그리스의 신상神像들과 조각 작품은 모두 나체이다. 나체에는 평등사상인 '너나 나나 벗으면 똑같다'는 의미가 내포되어 있는 것으로, 거짓의 옷을 벗어버린 인간의 진실함이 나타나기 때문에 모든 행동에 거짓이 없음을 의미한다.

클림트는 나체화를 그리는 확고한 신념에 의한 독창성과 예술적 특이성을 지니고 있었기 때문에, 주위에서 들리는 잡음을 무시하고 극복할 수 있었다. 빈대학의 학부 회화를 둘러싼 잡음, 특히 나체의 여인에 대한 시비로 이 그림들을 새로 교정하라는 제의는 단호하고 보기 좋게 거절했다. 그리고 국가로부터 받았던 제작비

클림트, 〈벌거벗은 진실Nuda Veritas〉, 1899년, 252×52.6cm, 캔버스에 유채, 오스트리아극장박물관, 비엔나

는 전액 환불하고, '학부 회화' 최종판는 자신이 소유하였다.

만일 대학당국이 예술가는 장인과는 달리 어떤 구속에서가 아니라 자유로운 입장에서 영원한 것을 창조한다는 것을 참작하였다면, 작품에 대한 시비는 일어나지 않았을 것이다. 클림트는 여성성의 무한한 힘에 대한 남다른 통찰력을 지니고 있으며, 나체의 진실성에 대해 확고한 신념으로 그림을 제작하였다. 하지만 당시 고고했던 대학으로서는 납득이 되지 않았기 때문에 야기된 사건이었다.

모든 것의 종말,
수평해지는 자연의 진리

스위스의 화가 페르디낭 호들러Ferdinand Hodler, 1853~1918는 스위스 베른에
서 목수인 아버지와 시골 농촌 출신의 어머니 사이의 여섯 아이 중 맏
이로 태어났다. 집은 무척 가난했으며, 그가 여덟 살이 될 무렵 아버지
와 두 명의 동생이 결핵으로 사망하였다. 급작스런 사건에 어머니는
살길이 막막해 하는 수 없이 장식화가와 재혼하게 되었다.

호들러는 열 살이 되었을 때 양아버지로부터 장식화 그리는 일을 배
웠다. 그러나 열네 살이 되던 해 어머니마저 결핵으로 사망하자, 그의
양아버지는 알코올중독자가 되었다. 이후 영국으로 건너갔다가 호들
러가 열일곱 살이 되던 해 양아버지 역시 결핵으로 사망하였다. 남아
있던 동생들마저 목숨을 잃게 되면서 호들러는 고아가 되었다.

그는 가족들이 죽어가는 모습을 지켜보면서, 자신의 삶에는 언제나

죽음의 날개가 드리우고 있다고 생각했다. 그리고 호들러는 화가가 된 후 30년이 넘는 세월 동안 삶과 죽음의 본질에 대한 작업에 몰두하게 되었다.

어린 시절부터 그를 따라 다녔던 죽음과 가난은 그의 정신에 거대한 흔적을 남겼다. 그의 작품 중에는 〈무한과의 교감〉(1892)이라는 그림이 있는데, 알몸의 여인이 양팔을 어깨 높이로 들어 올리고 두 손을 모아 기도하는 자세를 취하고 있다. 여인의 머리는 언덕 위에 보이는 하늘 쪽을 향하고 있어 무한(우주)과의 교감을 시도하는 의미로 보인다. 아마도 죽은 어머니가 가족의 건강을 위해 하늘에 간절한 소망을 기원하는 것을 작품화한 것으로 보인다.

그의 작품 중에는 〈선택받은 자〉(1893~1894)라는 그림이 있는데 어린아이가 천사의 모습을 한 여섯 명의 여인들 속에 앉아 있다. 제목으로 보아 누구를 선택할 것인가로 아이는 고민하고 있는 것처럼 보인다. 답은 어쩌면 어머니를 선택하는 문제인 것으로 보인다. 화가는 어머니와 형제자매 다섯 명을 모두 어린 시절에 잃었다. 그래서 여섯 명의 천사로 표현하였으며, 그중에 어머니를 선택한다는 주제인 듯하다.

그러나 답은 이미 정해진 것으로 보인다. 여섯 명의 천사 중 양쪽 가장자리의 두 천사는 꽃을 들고 있지 않다. 그다음의 두 천사들은 한 송이의 꽃을, 그리고 가운데의 두 천사는 두 송이의 꽃을 들고 있다.

꽃을 들고 있지 않거나, 한 송이의 꽃을 들고 있는 천사들은 가슴의

페르디난트 호들러Ferdinand Hodler(1853~1918), 〈무한과의 교감Communication with the Infinite〉, 1892년, 97×
159cm, 유채, 스위스바젤근세미술관, 비르만재단

발육이 좋지 않거나 꽃으로 가리고 있다. 어린아이 머리에 의해 발이 가려져 있는 우측에서 세 번째 천사만이 두 송이 꽃을 들고도 가슴 부위를 가리지 않고 있다. 즉 어린아이의 머리가 어머니 발을 가리고 있으며, 어머니는 아기에게 젖을 먹이던 가슴을 그대로 간직하고 있다는 표현이다.

　이것은 호들러의 가족에 대한 그리움, 외로움 그리고 그들이 가야만 했던 죽음에 대한 두려움 등을 나타낸 것이다. 그 중에서도 호들러의 뇌리에 박혀 있는 죽은 어머니에 대한 애정과 간절한 그리움을 표현한 그림인 것이다.

　평범한 가정에서 태어나 교양도 별로 없던 호들러는 어느 날 아름답고 고상한 귀족적인 기품을 갖춘 한 여인과 만나게 된다. 발렌틴 고데다렐이라는 빼어난 몸매에 교양까지 겸비한, 호들러보다 스무 살이나 어린 도자기 화가였다.

　호들러가 노년에 접어들기 시작한 1908년에 부인이 되었고, 결혼한 지 5년이 되던 해에 딸을 낳게 된다. 불우한 생애를 보내던 호들러에게는 아마 이 무렵이 가장 행복한 시절이었을 것이다. 하지만 행복은 마치 시든 꽃처럼 끝나게 된다. 발렌틴이 암에 걸렸다는 것을 알게 된 것이다.

　그녀의 병세가 악화되어 로잔의 호숫가에 있는 어느 병원에 입원했을 때, 호들러는 매일 병실에 들려 사랑하는 아내의 고통스러운 모습

페르디난트 호들러, 〈선택받은 자The Consecrated One〉, 1893~1894년, 캔버스에 유채와 템페라, 296×219cm, 베른미술관

을 지켜보았다. 아름답고 우아했던 그녀의 얼굴은 병마로 인해 날로 수척해져갔다. 그러나 호들러는 자신의 인생에서 잠깐이나마 행복을 가져다주었던 그녀를 위해 자신이 할 수 있는 최선의 일은 그림을 그려서 그녀의 투병을 격려하고 기록하는 일로 생각되었다.

그래서 그린 작품들은 지금도 파리 오르세미술관에 가면 센 강이 내려다보이는 한 전시실에서 볼 수 있다. 그는 사랑하는 부인의 아름다운 모습이 무너져 내리는 힘겨운 투병의 과정을 오랜 시간에 걸쳐 연속적으로 기록하였다.

처음 그림은 〈병든 발렌틴〉(1914)이다. 병든 발렌틴에게 병마는 그녀의 얼굴과 몸의 모양을 바꾸기 시작한다. 그러나 아직은 머리를 수직으로 세우고 있어 수평으로 누운 몸과 수직을 이룬다. 화가는 수평으로 누운 몸과 수직으로 세우고 있는 머리는 그녀가 병마와 힘겹게 싸우고 있는 것을 표현하였다. 이러한 점을 통해 호들러는 확고한 철학적 사상을 지닌 화가임을 알 수 있다.

〈병상의 발렌틴〉(1914)은 화가로서 고통받으며 죽어가는 아내에게 사랑을 표현하는 방법은 그녀가 죽음을 맞이하는 과정을 빠짐없이 기록하는 것이었다. 사랑하는 여인이 겪는 끔찍한 고통과 괴로움을 함께 나누는 방법이라고 생각한 것이다. 아픈 그녀의 움직임, 숨 쉬는 모습 하나하나를 캔버스에 옮기면서 화가의 손도 떨리고 호흡도 가빠진 모양이다.

그래서인지 그녀의 고통을 담아낸 얼굴을 제외하고는 다른 부분은

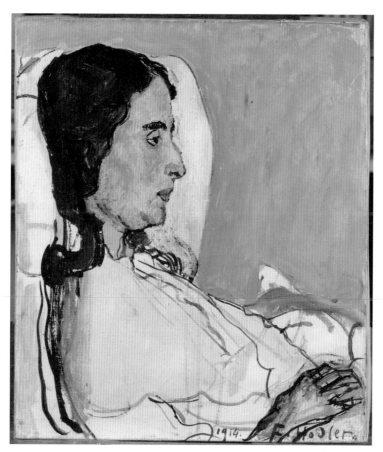

페르디난트 호들러, 〈병든 발렌틴The Sick Valentine Godé-Dare〉, 1914,
캔버스에 유채, 47×40cm, 오르세미술관

페르디난트 호들러, 〈병상의 발렌틴Valentine Godé-Darel on Her Sick bed〉, 1914, 63×86cm,
캔버스에 유채, 오르세미술관

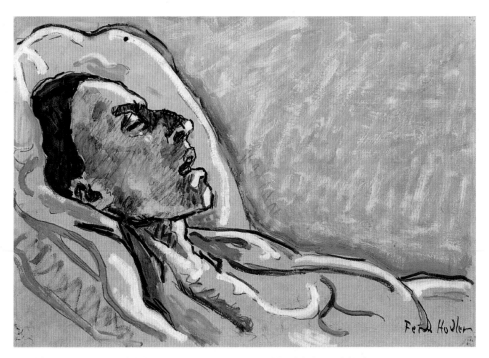

페르디난트 호들러, 〈죽어가는 발렌틴The Dying Valentine Godé-Darel〉, 1915, 캔버스에 유채, 오르세미술관

간략하게 표현되었다. 이제 그녀는 고통의 호소를 가슴에 손을 얹은 것으로 표현할 뿐이며, 얼굴과 몸의 수직 각도도 무너지기 시작했다.

그녀가 죽음과 싸우는 사전기死戰期에 들어선 것을 표현한 그림이 바로 〈죽어가는 발렌틴〉(1915)이다. 몸은 두껍고 검은 선으로 윤곽만 나타냈고, 이 윤곽선을 채우고 있는 거친 터치가 그의 마음속에서 일고 있는 동요動搖를 드러내고 있다. 힘겨워하는 그녀를 오랫동안 바라보며 정밀히 묘사하기는 힘들었던 것으로 보인다.

여기에는 가쁘게 마지막 숨을 몰아쉬며 죽어가는 그녀가 있을 뿐이다. 눈을 덮고 있는 눈꺼풀조차 뜨지 못하고 입에서는 가쁜 숨을 내쉬고 있다. 그녀의 머리는 더 이상 감당하지 못하는 듯 수평으로 누워지기 시작한다. 죽음이 임박했음을 의미하는 것이다. 마침내 완전히 수평을 이룬 발렌틴의 모습을 담은 그림이 〈죽은 발렌틴〉(1915)으로, 그녀의 생은 마감되었다.

발렌틴이 죽던 날, 그는 병실의 창문을 통해 내려다본 제네바 호수의 일몰 장면을 그림으로 남겼는데, 바로 〈제네바 호안〉(1915)이다. 높이 떴던 태양도 저녁나절이 되면 호수로 몸을 내리고, 가로로 누운 수평선에서 하늘과 호수가 만나고 있다. 이러한 자연의 섭리와 같이 발렌틴도 병의 무게를 견디지 못하고 수평으로 기울이고 만 것이다. 즉 죽음이란 그렇게 수평을 향하여 낮아지는 거대한 자연운행의 일부라는 것을 호들러는 말하고 싶었던 모양이다.

페르디난트 호들러, 〈죽은 발렌틴Valentine on her deathbed〉, 1915, 캔버스에 유채, 65×124cm, 오르세미술관

페르디난트 호들러, 〈제네바 호안Lake Geneva with Mont Blanc at dawn〉, 캔버스에 유채, 1918년, 128×61cm, 오르세미술
관

후에 호들러는 이렇게 말했다.

"모든 것은 수평으로 향한다. 마치 한없이 사방으로 퍼져나가는 물
처럼. 산들도 수많은 세월을 견디다 보면 낮아져 결국 호수의 표면처
럼 수평이 된다."

호들러는 어려서 고아가 되어 예술교육은 거의 받지 못하였으나 같
은 시대의 작가 중에서 가장 독창성이 풍부했던 화가로 꼽힌다. 그는
스스로를 화가로서보다는 '단순한 회화에 저항하는 사상가'로 자처하
며, 그림 속에서 인간이나 자연, 역사의 본질 등을 찾아내려고 노력했

다. 그래서 그의 작품 〈무한과의 교감〉과 〈제네바 호안〉을 연계해서 보면 무한과의 교감은 수평으로 이루어진다는, 즉 모든 것의 종말은 수평해진다는 자연의 진리를 깨달을 수 있다.

죽음의 냄새가 전하는
메멘토 모리memento mori

모로코에서 가장 오래된 도시 중 하나인 페스Fes는 일찍이 9세기에 시작된 도시로서 오랫동안 이슬람 종교의 중심지가 되어왔다. 페스에는 쏘우크souk라는 예로부터 내려오는 재래시장이 유명한데 이 시장에는 7,000개가 넘는 좁은 골목길로 미로迷路를 구성하고 있다. 때문에 이를 미로골목시장이라고도 한다. 세계적으로 유명한 이곳을 방문한 필자는 일상에서는 경험할 수 없는 신기한 냄새를 맡을 수 있었다. 그 경험을 떠올릴 수 있는 미술작품이 떠올라 이를 소개하려고 한다.

이 시장의 비좁은 골목에 들어서면 나귀가 지나가면서 똥을 싸서 어떤 것은 말라붙은 것, 어떤 것은 조금 굳어진 것, 어떤 것은 금방 싼 것 등 골목 안은 온통 나귀의 똥투성이다. 그래서 악취가 진동하는 것으로 생각했다.

페스의 골목시장 모습

또 시장 안에는 식료품 가게, 일용잡화점, 전기구점, 옷가게, 가구점 등 없는 것이 없다. 닭을 파는 가게도 눈에 띈다. 닭들은 우리에 갇혀 있는데 손님이 그중 한 마리를 손짓으로 점찍으면, 닭 장수는 닭을 우리에서 꺼내 도마 위에 올려놓고는 목을 한칼에 내리친다. 이때 사방으로 피가 튀며 피비린내가 난다. 떨어져나간 닭의 머리가 땅에 버려지면 어디선가 나타난 고양이가 잽싸게 차지한다. 옆에는 고양이가 먹다 남은 닭 머리 몇 개가 뒹굴고 있다. 생선가게도 있는데, 그 앞을 지날 때 나는 생선 비린내는 피비린내보다는 훨씬 신선한 감이 들었다.

다시 인파에 밀려 계단식 골목을 올랐다. 막다른 골목인가 싶으면 골목은 옆으로 또 열린다. 창문이 없는 벽으로만 둘러싸인 집들이 계속 줄을 지어 서 있고, 그 안으로부터는 이외로 시원한 바람이 새어나온다. 시장 안으로 들어가면 악취가 심해지는 곳과 덜 심해지는 곳이 있음을 느낄 수 있다.

사실 냄새는 실물에서 나는 냄새가 아니면 다른 것에서는 재현되지 않기 때문에 무심히 지나게 마련이다. 그런데 이 골목시장에서 실물이

좌 | 미로골목시장에 있는 가죽가게
우 | 가죽염색 작업장 테너리

아닌 다른 것에서 사람의 냄새를 맡을 수 있었다. 그것이 바로 우리 인생의 냄새, 즉 요람에서 무덤에 이르기까지의 냄새가 아닌가 생각하였다.

한참을 걷다가 한 가죽상점 앞에 이르자 그야말로 내 기억에 남아 있던 냄새를 자극하는 냄새가 풍겼다. 필자가 악취에 남달리 예민한 이유는 일반사람들이 맡을 수 없는 악취를 지난날 자주 경험하였기 때문이다. 필자는 과거에 수많은 시체를 부검하면서 여러 단계의 주검에서 나는 냄새를 맡았다. 이 시장에서는 주검의 마지막 단계와 똑같은 냄새가 엄습해왔다.

냄새의 원인을 찾아 주변을 살피고 있는데, 이 상점의 주인인 듯한 사람이 나와 인사를 건넸다. 그러고는 2층 테라스에 올라가보면 가죽 염색 작업을 하는 테너리^{tannery}를 볼 수 있다며 들어와서 보라고 권한다. 그러면서 민트 잎을 건네주었다.

가죽가게에 들어서는 순간 악취는 극에 달했다. 주인이 준 민트 잎을 코에 대고 2층에 오르니 넓은 공간에 온갖 가죽 제품이 구비되어 있는 것을 볼 수 있었다. 그리고 테라스로 나가보니 가죽을 가공하는 과정을 한눈에 볼 수 있었다. 주인은 고맙게도 따라 나와 설명을 해주었다.

테라스에서 내려다보이는 이 건물의 뒷면의 공간은 매우 넓었고, 그곳에는 수십 개의 커다란 구멍을 파서 수조로 사용되고 있었다. 가죽을 가공하고 염색하고 처리하는 과정이 한눈에 볼 수 있었다. 가죽을 염색하기 위해 여러 과정을 거치는데, 이때 동물의 가죽 냄새와 약품 냄새가 뒤범벅이 되어 형용하기 힘든 고약한 악취, 즉 부패 단계의 악취가 나고 있었다. 시장 안의 악취는 바로 이 가죽 작업장에서 나는 것이었다.

커다란 벌집 같은 수조 속으로 반바지를 입은 인부들이 들어가 맨발로 가죽을 밟아 처리하고 있었다. 그들은 새벽에 수조로 들어가면 점심때가 되어서야 나올 수 있다고 한다. 한 수조에 한 명씩 들어가는데, 이 테너리에는 500명, 바쁠 때는 600명의 인부가 일한다고 한다.

주인에게 그 공정을 자세히 물으니 그는 아주 자세히 설명해주었다.

나사로를 연상시키는 흰옷과 두건을 쓴 노인
의 뒷모습

먼저 짐승에서 벗겨낸 생가죽은 비둘기 똥을 풀어 넣은 수조에 2주 정도 담가둔다. 이때 비둘기 똥의 강한 산성성분 때문에 생가죽에 붙어 있던 기름과 살점이 자연히 분해된다고 한다.

그리고 나서 수조의 물을 갈아주면서 3~4일간 회전시키면서 세척을 한다. 그리고 여러 가지 색의 염료가 들어 있는 수조로 옮겨 염색이 이루어진다. 염료는 철저하게 자연산 염료를 사용하고 있었는데, 이때 상당히 독한 악취가 난다고 한다.

이렇게 전통방법으로 가공한 가죽으로 만들어낸 페스의 가죽제품은 우수할 뿐만 아니라, 그 공정 자체의 독특함과 작업장의 특이한 형태 그리고 원시적이고 신기한 작업광경 등으로 인하여 세계적으로 더욱 유명해졌다.

이러한 사실을 알고 남다른 감회를 느끼면서 돌아오는 길에 앞서가는 흰옷과 두건을 쓴 노인의 뒷모습에서 경이로운 사실을 연상할 수 있었다. 노인의 뒷모습에 비치는 그림자가 마치 끈으로 전신을 결박한 것 같았다. 그 모습이 죽었던 나사로가 붕대로 몸이 단단히 묶인 채로

지오토, 〈나사로의 부활〉, 1304~1306, 프레스코 화, 파도바, 스크로베니 예배당

살아나오는 모습과 유사하다고 느꼈다. 파도바의 스크로베니 예배당 Cappella degli Scrovegni에 이탈리아의 화가 지오토Giotto di Bondone, 1267~1337가 프레스코화로 그린 〈나사로의 부활〉(1304~1306)에 나오는 나사로의 모습과 흡사하였다.

예수께서 시신이 부패되어 냄새가 나는 동굴무덤의 문을 열고 그 안을 향하여 "나사로야, 나오너라!"라고 소리치자 죽었던 나사로가 살아 걸어 나왔다. 얼굴에는 부패의 징후가 나타나 있고, 그의 옆에는 냄새로 코를 가리고 있는 인물들이 서 있다. 이는 마르타가 "주님, 죽은 지 나흘이나 되어 벌써 냄새가 납니다(요한복음 11:39)"라고 말한 것을 재현한 것이다.

결국 앞서가는 노인은 "이때까지 당신이 이 페스의 골목시장에서 마튼 냄새가 바로 죽음의 내음이요. 이 냄새가 기억에서 떠오를 때 마다 메멘토 모리memento mori(항상 죽음을 생각하라!)를 상기하시오"라고 일러주는 것 같았다.

'메멘토 모리'는 사람은 죽음이 눈앞에 다가왔을 때 빈손으로 가게 된다는 것을 알게 됨으로써 재물, 명예, 권리, 쾌락에 대한 욕망에 열중했던 것은 헛된 꿈이었다는 것을 비로소 느끼게 된다. 이러한 깨달음은 평상시에도 느껴야 하며, 그러기 위해서는 항시 죽음을 생각하라는 가르침이 나오게 된 것이다. 즉 '죽음이 삶의 스승屍活師'인 것이다.

메멘토 모리를 실천하면 사람은 욕심이 없어진다. 그렇기 때문에 사람을 선하고 착하게 만드는 진리인 것이다. 지금 페스의 미로 골목시장으로 가 죽음의 냄새를 경험한다면 메멘토 모리의 참뜻을 떠올리게 될 것이다.

Part 02

법의학, 예술작품 속
권리침해의 억울함을 가려내다

아름다움으로 희생된 여인과
스탕달 신드롬

베아트리체 첸치Beatrice Cenci, 1577~1599는 이탈리아 귀족의 딸로 태어났다. 하지만 아버지로부터 모진 학대를 받다가 참다못해 아버지를 살해한 끔찍한 일을 저질러 사형에 처해졌다. 그러나 그 후 베아트리체의 억울함을 알게 된 많은 작가가 시, 희곡, 소설 작품의 소재가 되면서 유명해졌다.

당시 그녀의 가족은 로마 외곽의 중세시대 요새 위에 지어진 팔라조 첸치Palazzo Cenci에 거주하고 있었다. 아버지 프란체스코 첸치Francesco Cenci는 귀족이었지만, 부도덕하고 난폭한 성품의 소유자였다. 베아트리체에게는 오빠 지아코모Giacomo와 새어머니 루크레지아 페트로니Lucrezia Petroni, 그리고 어린 이복동생 베르나르도Bernardo가 있었다.

전해지는 바에 의하면 그의 아버지 프란체스코는 아내와 아들도 학대했고, 미모가 뛰어났던 딸 베아트리체에게 지속적으로 성적 폭행을 일삼았다. 베아트리체를 비롯한 가족들은 몇 번이나 당국에 호소하였지만 귀족이라는 명목으로 곧 풀려나곤 했다.

프란체스코는 딸이 주위에 도움을 청한다는 사실을 알고 베아트리체와 아들 그리고 아내 루크레지아를 지방에 있는 가문 소유의 성으로 보내 감금하였다. 그러자 아버지를 살해하는 것만이 자신들이 살길이라는 것을 느낀 네 가족은 살해 계획을 꾸몄다.

1598년 프란체스코가 성을 방문하였을 때 베아트리체의 애인을 포함한 두 명의 협력자가 이들 가족을 도와 프란체스코에게 약을 먹여 깊은 잠에 들게 한 후 살해하였다. 그리고는 시신을 성 발코니에서 아래로 던져 사고로 위장하였다. 그러나 아무도 그 죽음이 사고라고 믿지 않았다.

프란체스코가 없어진 것을 알게 된 교황은 치안대를 파견해 탐문을 시작하였다. 그리고 사건에 가담했던 협력자 중 한 명이 고문에 못 이겨 실토하는 바람에 가족 모두가 체포되어 사형에 처해지게 되었다.

살인의 이유를 알고 있던 로마 시민들은 재판의 판결이 부당하다고 항의했다. 그러나 교황 클레멘트 8세^{Clement VIII}는 자비를 베풀지 않았고, 결국 1599년 9월 11일 새벽 이들은 형틀이 설치된 상트 안젤로 다리^{Sant'Angelo Bridge}로 끌려가게 된다. 이곳에서 베아트리체는 참수되었고, 시신은 시민들에 의해 상 피에트로^{San Pietro} 교회에 매장되었다.

귀도 레니Guido Reni, 〈베아트리체 첸치의 초상Portrait of Beatrice Cenci〉, 1600년경, 캔버스 유채, 75, 로마국립회화관 Galleria Nazionale d'Arte Antica, 로마

아킬레스 레오나르디Acille Leonardi(1800~1870), 〈사형 직전의 베아트리체 첸치Beatrice Cenci in prison〉, 19세기, 캔버스에 유채, 96.5×132.8cm

로마 시민들에게 그녀는 악덕 귀족에 대한 저항의 상징이 되었다. 그리고 매년 그녀가 처형된 날 밤이면 그녀의 영혼이 자신의 머리를 들고 다리로 돌아온다는 전설이 생겨났다.

아름다운 외모로 유명했던 베아트리체가 형장에서 참수 당하기 전 화가 귀도 레니Guido Reni, 1575~1642는 그녀의 아름다운 모습을 목격하고, 마지막 모습을 캔버스에 옮긴 것이 〈베아트리체 첸치의 초상〉(1633)이다. 그리고 처형 두 시간 전 그녀의 상황을 그린 것이 〈처형 직전의 베아트리체〉(1633)이다. 화가는 그녀의 형 집행을 직접 목격했다고 한다.

그 후 많은 화가가 레니의 그림을 모작하면서, 베아트리체의 이야기는 더욱 유명해졌다. 그중에서도 여류화가 엘리자베타 시라니Elisabetta Sirani, 1638~1665는 〈자화상〉(1658) 등 여러 작품을 남겼지만, 레니의 〈베아트리체 첸치의 초상〉의 모작으로 유명해졌다. 이 그림은 미술사적 가치보다는 더 특별한 의미가 있다.

엘리자베타의 아버지 지오반니 안드레아 시라니Giovanni Andrea Sirani, 1610~1670도 화가로서 귀도 레니의 제자였다. 그는 매우 엄하게 딸을 교육하였는데, 특히 그림을 지도하는 데 매우 엄격하였다. 아버지의 지나칠 정도로 가혹한 지도 때문에 스트레스를 받은 그녀는 스물일곱 살이라는 젊은 나이에 요절하였다.

딸의 갑작스런 죽음에 당황한 아버지는 그의 하녀가 엘리자베타를 독살했다는 혐의로 고발하였다. 그러나 수사당국은 혐의가 없음을 인

엘리자베타 시라니Elisabetta Sirani(1638~1665), 〈베아트리체 첸치의 초상Portrait of Beatrice Cenci〉, 캔버스에 유채, 1662년경, 64.5×49cm, 국립고전회화관, 바르베리니 궁전

정하여 하녀는 풀려나게 되었다. 이후 한간에는 같은 화가였던 아버지가 딸의 재능을 질투한 나머지 딸을 독살하였다는 소문이 자자했다. 그림의 주인공인 베아트리체도 아버지의 학대를 당하며 살아왔으며, 이로 인해 화가로서 정상적인 생활을 할 수 없었던 귀도의 베아트리체 첸치의 모작은 어쩌면 자신의 정신세계를 표현한 것으로 보인다.

〈베아트리체의 초상〉과 관련해서는 매우 흥미 있는 또 하나의 사건이 벌어졌다. 프랑스의 작가 스탕달Stendhalm Stendhal, Marie Henri Beyle은 1817년 피렌체에 있는 산타크로체 성당에서 귀도 레니의 〈베아트리체 첸치의 초상〉을 감상하던 중 무릎에 힘이 빠지고, 심장이 빠르게 뛰면서 곧 의식을 잃고 죽을 것 같은 경험을 하였다. 이러한 증상에서 회복하기까지 한 달의 시간이 걸렸다고 한다. 스탕달은 이런 경험을 자신의 저서 《나폴리와 피렌체 : 밀라노에서 레기오까지의 여행》에 자세히 기술하였다.

이를 본 이탈리아의 정신의학자 그라지엘라 마게리니Graziella Magherini는 관람객들을 대상으로 조사를 실시하였고, 실제로 레도 귀니의 〈베아트리체의 초상〉을 보고 스탕달과 같은 증상을 경험한 사람이 있음을 알게 되었다. 그리고 외국인 관람객 중 한 달에 한 명꼴로 갑작스런 정신적 혼란으로 인해 피렌체의 산타마리아 누오바 병원에 실려 온다는 사실을 알게 되었다.

이후 이러한 증상을 '스탕달 신드롬Stendhal syndrome'이라 명명하였다.

엘리자베타 시라니, 〈자화상Self Portrait〉, 1658, 유화, 푸시킨박물관, 모스크바

이후 계속된 조사 결과 귀도 레니의 원작보다 엘리자베타의 모작에서 더 많은 사람이 스탕달 신드롬을 경험하게 된다는 것도 알게 되었다.

이러한 스탕달 신드롬으로 인해 어떤 사람은 훌륭한 조각상을 보고 모방충동을 일으켜 조각상과 같은 자세를 취하기도 하고, 어떤 사람은 그림 앞에서 불안과 평화를 동시에 느끼기도 하는 등 사람에 따라서 나타나는 증상도 다양하다. 미술작품뿐 아니라 문학작품을 읽고도 이러한 증상이 나타나기도 한다. 주로 감수성이 예민한 사람들에게서 이런 증상이 자주 나타나지만, 원래의 생활로 돌아오면 그 증상은 사라진다.

가장 아름다운 모습으로 처형된 베아트리체 첸치, 그녀의 아름다움을 그림으로 남긴 귀도 레니 그리고 그녀와 같은 삶을 살았던 엘리자베타 시라나. 같은 운명으로 짧은 생을 마감한 두 여인의 안타까운 사연이 그림에 투영되어 보는 사람에게 정신적 충격으로 다가오는 것은 아닐까.

200년간 간직된 한을 풀다
고야의 그림 속 모델 신원을 확인하라

자신의 그림 속 모델의 정체를 함구함으로써 논란의 중심에 놓인 두 그림이 있다. 바로 18세기 스페인의 거장 고야Francisco de Goya, 1746~1828가 그린 〈벌거벗은 마하La Maja Desnuda〉(1803)와 〈옷을 입은 마하La Maja Vestida〉(1805)라는 두 작품이다. 고야는 파란만장한 생애를 보내면서 벽화에서 소묘素描에 이르기까지 무려 2,000여 점의 작품을 남긴 위대한 화가이다.

그는 언제나 새로운 기법을 추구하며 성실히 실력을 연마하였고, 인생에 있어서나 예술에 있어서 스페인의 서민정서를 담는 데 평생을 바쳤다. 그런데 그런 고야가 왜 '마하Maja'의 누드화를 그렸을까. 〈벌거벗은 마하〉는 서양 미술사상 인간을 모델로 한 최초의 누드화였다. 당시 가톨릭 국가였던 스페인 사회에서는 여성의 나체를 그리는 것은 공식

프란시스 드 고야Franciso de Goya, 〈옷 벗은 마하La Maja Desnuda〉, 1797~1800, 캔버스에 유채, 스페인 마드리드 프라도 미술관

프란시스 드 고야, 〈옷 입은 마하La Maja Vestida〉, 1805년경, 95×190cm, 캔버스에 유채, 스페인 마드리드 프라도 미
술관

적으로 금지되었기 때문에 충격 그 자체였다. 게다가 도발적이면서도 사실적인 표현으로 고야는 '이단죄'로 종교재판에 회부될 운명이었다.

재판에서 고야는 '그림의 주인공은 누구인가'라는 질문에 '내가 사랑했던 여인'이라고만 말해, 실제 주인공이 누구인지 밝혀지지 않았다. 그의 이러한 태도는 세간의 눈과 귀를 집중시켰고, 이 그림은 더욱 유명해졌다. 사람들의 해석과 추측이 난무하면서 그림 속 여인에 대한 온갖 소문이 스페인 전역을 떠돌기 시작했다. 그중 처음으로 지목된 여인이 명문귀족 가문의 '알바Alba 공작부인'이었다. 이러한 소문은 오랫동안 알바 가문을 괴롭히게 되는데, 소문의 배경에는 다음과 같은 사연이 있었다.

고야는 알바 부인의 초상화를 1795년과 1797년 두 번에 걸쳐 그렸다. 이때가 바로 알바 공작이 사망한 시기이다. 알바 부인은 이 시기에 마드리드 교외의 별장에 머물면서 고야로 하여금 자신의 초상화를 그리게 했다. 그녀는 스페인 최고 명문귀족인 공작부인이었고, 마드리드 사교계의 비너스로 찬사와 선망의 대상이었다. 이런 인물일수록 질시와 음해의 대상이 되기 쉽다.

귀한 신분의 알바 부인과 천재 화가 고야도 예외는 아니었다. 알바 부인은 남자라면 사족을 못 쓰는 바람기로 '작은 악마'로, 고야는 여자관계가 복잡하다고 하여 '걸어 다니는 페니스'라는 흉측한 별명으로 불렸다. 고야는 2년 동안 알바 부인의 별장에서 그녀의 초상화를 그려왔

프란시스 드 고야, 〈알바 공작부인Portrait of the Dutchess of Alba〉, 1795, 캔버스에 유채, 194×130cm, 알바공작의 컬렉션, 마드리드, 스페인

기 때문에, 그녀의 누드화를 그리는 것은 당연한 일이라는 소문이 사람들 사이에 나돌기 시작했다. 이 둘의 관계는 성적 문란함으로 왜곡되어 있었다.

하지만 두 사람의 관계는 세인들이 생각하는 쾌락을 위한 것이 아닌, 숭고한 사랑이었다. 고야는 죽을 때까지 알바 부인의 초상화를 간직하였다. 고야가 사망한 후에 그의 집에서 〈알바 공작부인의 초상〉(1797)이 발견되었는데, 검은 옷을 입은 알바 부인의 모습은 위풍당당한 전형적인 귀족 부인의 모습이었다.

주목하여 볼 점은 오른손 집게손가락이다. 알바 부인의 손가락을 아래로 향해 있는데, 발 밑 모래 위에 새겨진 'Solo Goya(오직 고야뿐)'라는 글씨를 가리키고 있다. 또한 집게손가락과 가운뎃손가락에는 각각 다른 반지를 끼고 있는데 그 반지에는 'Alba'와 'Goya'라고 새겨져 있다.

이러한 표현들만 봐도 알바 부인과 고야가 어떤 관계였는지 짐작할 수 있다. 이 그림은 고야가 간직하고 있던 것으로 그가 사망한 지 20년이 지나서야 세상에 알려지게 되었다.

고야와 알바 부인의 관계가 명확해지면서 그간 잠잠했던 '마하'의 실제 모델이 알바 부인이라는 소문이 다시금 수면 위로 떠올랐다. 그리고 이 이야기는 사실로 굳어지게 되었다.

프란시스 드 고야, 〈알바 공작부인의 초상화Mourning Portrait of the Cuchess of Alba〉, 1795, 캔버스에 유채, 194×130cm, 알바공작의 컬렉션, 마드리드, 스페인

두 개의 반지에는 'Alba'와 'Goya'가 새겨져 있다.　　　손가락이 가리키는 발밑에는 'Solo Goys(오직 고야뿐)'이라는 글자가 보인다.

또 다른 논란의 대상, 페피타 투도

고야의 집에서 알바 부인의 초상이 발견되자 이번에는 마하의 얼굴이 알바 부인과는 닮지 않았다는 말이 나오기 시작했다. 또 〈알바 공작부인의 초상〉에서 목과 몸통의 연결 부위가 부자연스러운데, 그 이유는 고야가 알바 부인이 사망한 후 얼굴을 고쳐 그렸기 때문이라고 주장하기도 하였다.

이러한 의문이 꼬리를 물자 미술 평론가들은 X-선을 이용해 여인의 얼굴 부분이 과연 고쳐 그려져 있는가를 감정해보았다. 검사 결과 고쳐 그린 흔적은 발견되지 않았다. 이로써 다른 여인의 얼굴을 그렸다

빈센트 로페즈Vicente López, 〈페피타 투도Pepita Tudó〉, 1805,
라자로갈디아노박물관, 마드리드

가 후에 알바 부인의 얼굴로 고쳐 그렸다는 주장은 거짓임이 밝혀졌다.

그러나 조상과 가문의 명예를 회복하기 위해 알바 가문은 1945년 공작부인의 유해를 발굴해 '그림 속 인물과 알바 공작부인이 서로 다른 인물'이라는 사실을 증명하기 위해 법의학자들에게 의뢰했다. 하지만 유골은 정확한 감정이 불가능할 정도로 손상되어 당시의 법의학자들은 그림 속 인물과 알바 부인과의 관계를 밝혀내지 못했다.

다른 한편에서는 '마하'의 모델이 재상이었던 마누엘 고도이^{Manuel de Godoy}의 애인 '페피타 투도^{Pepita Tudó}'라는 설도 있다. 당시의 스페인은 쇠퇴해가고 있었지만, 왕실과 귀족들의 사치와 향락은 극에 달했다. 불륜의 대표적인 예로 왕비인 마리아 루이사^{Maria Luisa}와 마누엘 고도이의 관계를 들 수 있었다.

한때 시골 청년에 불과했던 고도이는 1784년 왕실근위대에 입대하였고, 왕위 계승자이던 카를로스^{Carlos}의 아내 마리아 루이사의 눈에 들었다. 카를로스가 카를로스 4세로 왕위에 오르자, 남편을 휘어잡고 있던 마리아 루이사는 카를로스를 설득해 그녀의 정부情夫 고도이를 고위 관직에 앉혔다. 페피타 투도는 권력을 잡은 고도이의 새로운 애인이었다.

페피타 투도가 '마하'라는 설이 새롭게 제기된 이유는 〈벌거벗은 마하〉가 고도이의 누드 컬렉션에 포함되어 비밀 전시실에 숨겨져 있다가

프란시스 드 고야, 〈마리아 루이사Reina Maria Luisa〉, 1789, 캔버스에 유채, 126.6×93cm, 개인 소장

오거스틴 에스테베 마르케스Agustín Esteve Y Marqués(1753~1820), 〈마누엘 고도이Manuel de Godoy〉,
1790, 캔버스에 유채, 117×84.2cm, 산 페르난도 왕립미술아카데미, 마드리드

후세에 와서야 알려졌기 때문이다. 또한 고도이가 이 작품의 최종 소장자였다는 사실과 투도를 그린 다른 그림과 '마하'의 그림이 유사한 이유도 있었다. 대단한 호색한인 고도이가 애인의 누드를 그리게 한 후 이를 응접실에 걸어놓고 즐겼다는 이야기도 있었다.

고도이가 고야에게 누드화를 그리게 한 이유는 그의 관음욕_{觀淫慾}^{觀淫慾} 때문이라고 한다. 그는 특수한 벽을 만들어 방문객들과 같이 있을 때는 교양 있는 사람으로 보이게끔 〈옷을 입은 마하〉를 걸어놓고, 혼자 있거나 친한 친구들과 즐길 때는 〈벌거벗은 마하〉가 걸려 있는 벽으로 돌려 즐겼다고 한다.

페피타 투도는 고도이가 실각했을 때 망명길을 함께 따라가기도 했으며, 고도이의 부인이 사망한 후 그 뒤를 잇기도 했다. 생활이 빈곤해지자 고도이가 마드리드에 숨겨놓았던 재산을 몰래 처분하는 역할을 맡았다고도 한다. 화가 로페스^{Vicente López, 1772~1850}가 그린 〈페피타 투도 Pepita Tudó〉(1805)의 초상을 보면 마하와 유사한 점이 있으나 사진이 아닌 그림이기 때문에 단정할 수 없다.

'마하'의 신원 확인을 위한
법의학의 개입

무덤까지 파헤쳐 '마하'의 모델이 알바 부인과 동일인물인지를 밝히려는 시도는 당시 법의학자들에게는 난감한 문제였다. 결국 신원확인은 미제로 남았고, 필자는 현재 발전된 법의학으로 해결해야겠다는 사명감이 들었다. 이러한 과제는 최근 필자가 주장하고 있는 예술 법의학의 영역으로, 생체정보연구팀의 도움을 받아 그림 속 얼굴들의 생체정보 분석을 시행했다.

얼굴의 생체정보 분석

생체정보Biometrics란 사람의 신체적·행동적 특징을 자동화된 장치로 추출, 분석하여 개인의 신원을 확인하는 기술이다. 즉 얼굴의 모양, 지문,

눈의 망막 및 홍채, 음성, 얼굴 표정, 손의 측정 등 사람의 신체적 특성을 추출하여 분석하는 기술이다. 여기서는 그림 속 얼굴의 동일성 여부를 가려내는 수단으로 사용했다.

얼굴 비교검사의 대상

'마하' 그림의 모델이 알바 부인과 페피타 투도 중 누구의 얼굴과 동일한가를 감별하기 위해 〈벌거벗은 마하〉와 〈옷을 입은 마하〉의 얼굴 부위만을 확대하였다. 알바 부인은 고야가 그린 1795년과 1797년의 초상화에서, 페피타 투도는 로페스가 그린 초상화를 선택했다.

그림 1. 비교검사에 사용하기 위해 그림에서 발췌한 얼굴 부위

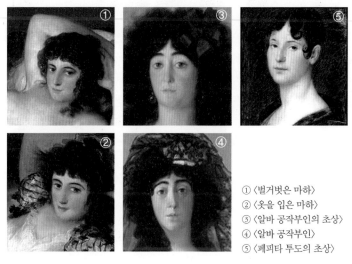

① 〈벌거벗은 마하〉
② 〈옷을 입은 마하〉
③ 〈알바 공작부인의 초상〉
④ 〈알바 공작부인〉
⑤ 〈페피타 투도의 초상〉

얼굴의 랜드마크 비교검사

이 다섯 얼굴의 비교검사에서 유사한 공통성을 지녔다고 생각되는 마하의 얼굴은 〈벌거벗은 마하〉(①)를, 알바 부인의 얼굴은 〈알바 공작부인〉(③)을, 투도의 얼굴은 〈페피타 투도의 초상〉(⑤)을 택하였다. 그리고 각 그림의 얼굴 각도가 서로 다르기 때문에 이들을 3차원 형상으로 복원했다. 그리고 복원된 얼굴을 모두 정면으로 회전하여 얼굴 각도를 동일하게 한 다음 랜드마크^{landmark} 비교검사에 사용했다.

그림 2. 비교할 사진의 3차원 형상 복원 및 랜드마크

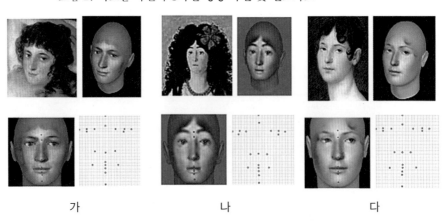

가   나   다

그림에서 그림 속 얼굴을 3차원 형상으로 복원한 후 정면을 보도록 회전시켰다. 그리고 각 얼굴에 랜드마크를 부여해 그 위치가 유사한지

비교했다. 하지만 랜드마크 비교에서는 특이할 차이를 보이지 않았고, 개체의 동일성 여부 감별에는 별 의미가 없는 결과였다. 이에 얼굴 계측지수와 얼굴 데이터베이스 통계량과의 비교검사를 시행하기로 했다.

얼굴 계측지수와 얼굴 데이터베이스 통계량과의 비교검사

3차원 형상으로 복원해 정면으로 회전시킨 이미지에서 얼굴 계측지수를 산출하여 계측된 지수가 비슷한지 확인하였다. 그 결과 10개의 얼굴 계측지수 중 그림 3의 가와 다, 즉 마하와 페피타 투도가 가와 나, 즉 마하와 알바 부인보다 유사한 지수가 6개(코 지수, 눈-얼굴 너비 지수, 코-얼굴 너비 지수, 입-얼굴 너비 지수, 눈-코 상대비율, 눈-입 상대비율)나 되었다. 이를 통해 미루어볼 때 페피타 투도가 알바 부인보다 마하의 얼굴에 더 유사하다고 해석할 수 있었다(표 1 참조).

그림 3. 계측지수를 비교할 얼굴 그림

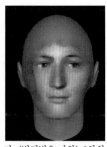 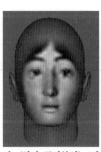 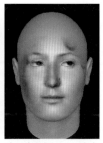

가. 〈벌거벗은 마하〉 3차원 형상 복원   나. 〈알바 공작부인〉 3차원 형상 복원   다. 〈페피타 투도〉 3차원 형상 복원

표 1. 그림 3의 가, 나, 다의 얼굴 계측지수

종류	얼굴 지수	코 지수	눈과 얼굴 너비 지수	코와 얼굴 너비 지수	코와 얼굴 높이 지수	입과 얼굴 너비 지수	턱과 얼굴 너비 지수	눈과 코 상대 비율	눈과 입 상대 비율	코와 입 상대 비율
가	82.88	66.70	25.29	24.14	43.66	30.55	56.34	104.78	82.80	79.02
나	88.09	51.56	28.81	20.67	45.50	25.26	54.50	139.41	114.06	81.82
다	88.30	59.69	27.88	21.06	39.96	32.36	60.04	132.39	86.16	65.0

얼굴인식 프로그램으로의 비교

이러한 결과를 좀 더 확실히 하기 위해 일본 NEC사의 얼굴인식 프로그램Neoface을 이용해 유사도를 비교했다. 그림 3의 가, 나, 다의 이미지 유사도를 'Neoface'로 확인한 결과는 표 2와 같다.

표 2. 그림 3의 가, 나, 다의 'Neoface' 유사도 값

	0.3922	0.5008	0.6893
	0.1392	0.4835	0.6947

유사도는 0.0에서 1.0 사이의 실수 값으로 동일한 얼굴일 때 1.0의 값을 나타낸다. 그런데 옷을 입은 마하의 이미지(②)와 투도의 이미지(⑤) 유사도가 0.6947로 가장 높았다. 그리고 벌거벗은 마하(①)의 이미지와 투도의 이미지(⑤) 유사도가 0.6893으로 두 번째로 높았다. 이 값은 마하(①)와 알바 부인(③)의 유사도 0.5008보다 약 1.39배 높은 값이었다. 이 유사도를 근거로 마하의 얼굴은 알바 부인보다 페피타 투도의 얼굴과 더 유사하다고 해석할 수 있다('Neoface'로 실행한 약 900여 명의 얼굴 비교 실험에서 동일인 사진의 유사도 값이 0.6보다 작은 경우는 있었으나, 동일하지 않은 인물 사진의 유사도 값이 0.6을 넘는 경우는 없었던 것이 이때까지의 결과이다).

중첩비교검사

이러한 검사 결과를 좀 더 확실히 하기 위해 중첩비교검사를 실시했다. 중첩비교검사람 동일한 각도의 얼굴 이미지를 겹쳐서 그 중첩 정도를 확인하는 방법이다. 3차원 형상으로 복원된 이미지를 정면으로 회전시킨 그림 3의 가와 나, 가와 다를 중첩하여 나타낸 결과는 그림 4와 같다.

머리 끝점과 턱 끝점이 겹쳐지도록 가로 대 세로 비율을 유지하면서 중첩했을 때 그림 3의 가(마하)와 다(투도)는 눈썹, 눈, 코, 입의 위치와 크기가 자연스럽게 대칭되었다. 반면 그림 3의 가(마하)와 나(알바 부인)

그림 4. 얼굴 그림의 중첩비교검사 결과

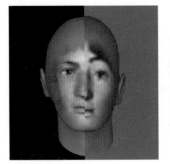
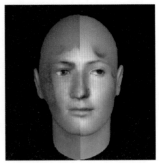

그림 3의 가와 나의 중첩   그림 3의 가와 다의 중첩

는 위치와 크기가 달라 자연스럽지 못한 것을 확인할 수 있었다. 이로써 중첩비교검사 결과 역시 페피타 투도가 알바 부인보다 마하와 더 유사도가 높았다.

검사 결과 고야의 작품 〈벌거벗은 마하〉와 〈옷을 입은 마하〉의 모델은 알바 공작부인보다 페페타 투도가 더 유력함을 알 수 있었다. 이 두 그림의 200년간 이어졌던 논쟁에서 어느 정도 해결점을 찾은 것 같아 큰 보람을 느낀다.

이 검사 결과를 더욱 신뢰할 수 있는 것은 '마하'의 그림과 '알바 공작부인'의 그림을 고야가 그렸다는 점이다. 같은 화가의 그림에서 유사점이 거의 없는 반면, 로페스가 그린 '페피타 투도'의 그림과 마하가 더 유사도가 더 크다는 결과의 신뢰도를 높이는 것이라고 생각된다. 특히 중첩비교검사에서 일치됨을 보았을 때 두 화가는 투도의 모습을 그림으로 그렸음을 알 수 있다. 이로써 '마하'의 모델은 페피타 투도일 것이라고 판단된다.

이러한 검사 결과를 얻고 머리에 떠오르는 것이 있었다. 아주 오래전 유럽을 여행할 기회가 있었는데, 스페인 마드리드에 들렀을 때의 일이다. 현지에 사는 한국인 가이드의 안내로 프라도 미술관을 방문해 고야의 '마하' 그림을 감상하고 있었는데, 가이드는 그림 설명에 덧붙여 최근 스페인 국영방송이 〈고야〉라는 드라마를 방영했다고 말했다. 그의 말에 의하면 드라마에서 알바 부인이 누드로 등장해 캔버스 앞에 나타나는 장면이 나오는데, 이것 때문에 그림 속 '마하'의 정체가 다시 화제가 되었다고 했다.

그때 초등학생으로 보이는 어린아이들이 교사의 인솔하에 '마하' 그림 앞으로 다가왔다. 교사는 학생들에게 꽤 길게 그림에 대해 설명했는데, 진지하게 듣고 있던 아이들이 갑자기 폭소를 터뜨렸다. 영문을 몰라 가이드에게 물었더니 교사가 이렇게 말했다는 것이다.

당시 왕비이던 마리아 루이사와 귀족 가문의 알바 부인은 견원지간 같은 사이로 서로 악담을 하며 헐뜯었다고 한다. 그럴 수밖에 없던 것이 왕비와 고도이의 불륜을 알고 있는 알바 부인이 기회가 있을 때마다 진상을 폭로하였고, 이에 질세라 왕비는 그에 맞대응을 했다는 것이다. 실제로 왕비는 고야와 심상치 않은 관계를 맺고 있던 알바 부인이 '마하' 그림의 모델이라는 소문이 떠돌기 시작하자, 이를 호기로 삼아 소문이 일사천리로 퍼지게 하는 주역을 담당했다고 한다. 그러자 화가 난 알바 부인은 왕비가 즐겨 입는 옷과 똑같은 것을 20벌 주문하여 하인들에게 나누어 입히고 외출시켰다고 한다.

그림을 그린 당사자인 고야가 '마하'의 실제 모델이 누구인지 밝히지 않아 사건은 복잡해졌다. 하지만 생각해보면 당시 최대 권력자였던 재상 고도이가 모델의 신원을 절대 발설하지 말도록 압력을 행사했기 때문은 아니었을까. 또 이러한 상황을 왕비는 잘 알고 있었지만, 마하의 모델이 알바 부인이라는 소문을 퍼뜨리며 신원확인 사건은 더욱 미궁에 빠뜨리게 된 것은 아닐까.

배심원 재판의 모순
'프리네'와 '채플린'의 친자 확인 사건

프리네 사건

고대 그리스의 아테네 사회에서 여성들의 지위는 낮았다. 결혼한 유부녀들은 남자들 앞에 제대로 나설 수 없었다. 손님을 초대하면 집의 안주인이 나와 맛있는 음식과 품격 있는 예절로 손님들을 접대해야 하는데 그것도 할 수가 없었다. 이때 안주인의 역할을 맡아서 할 사람이 필요했는데, 그 역할을 대신한 것이 '헤타이라'라는 고급 접대부였다. 단순히 매춘만 하는 여자들과 달리 그녀들은 고관들을 상대할 수 있을 만큼 수준 높은 교양과 예법을 몸에 익히고 있어야 했다. '헤타이라'라는 말을 직역하면 '여자친구'라고 풀이할 수 있는데, 남자들과 동석할 수 있는 자격을 부여받은 여성들이다.

당시 아테네에는 헤타이라를 양성하는 강습소가 있었다. 그곳에서는 술자리에서의 예법은 물론이고, 문화예술에 대한 소양과 지식뿐만 아니라 남성을 다루는 기교도 가르쳤다. 물론 뛰어난 미모와 몸매를 갖추지 않으면 강습소에 들어가는 것은 불가능했다.

기원전 4세기경 아테네에는 프리네^{Phryne}라는 아름다운 헤타이라가 있었다. 그녀의 미모가 얼마나 뛰어났던지 당대의 유명한 조각가 프락시텔레스$^{Praxiteles, 기원전 350년경}$는 프리네를 모델로 여신상을 조각하기도 했다. 그 조각상이 유명한 〈크니도스의 아프로디테〉다.

당시 권력자들과 부자들의 관심사는 어떻게 하면 자연스럽게 프리네와 가까워질 수 있는가였다. 신적 아름다움을 지니고 있던 그녀는 아무리 권세가 있고 돈이 많은 부자일지라도 좀처럼 곁을 내주지 않는 품격 있는 헤타이라였다.

프리네에게 연정을 품은 에우티아스라는 고관은 온갖 애를 다 썼지만 보기 좋게 거절 당했다. 하지만 그는 다른 사람과 달리 프리네에게 앙심을 품고 보복을 결심했다. 그 방법으로 그녀를 '신성모독죄'로 고발했다.

엘레우스 극장에서 '신비극'을 공연할 때 관객들 앞에서 프리네는 알몸을 드러냈고, 그러한 행위가 신을 모독하는 것이라고 주장했다. 당시 그리스에서 신성모독죄는 사형에 처하는 중죄였다.

에우티아스의 고발로 프리네는 위기에 처해졌는데, 그녀를 구원하기

프락시텔레스, 〈크니도스의 아프로디
테Aphodite Knidos〉 복원, 1562~1634,
대리석, 로마국립박물관

장 레옹 제롬Jean-Léon Gérôme, 〈배심원 앞의 프리네Phryne before the Areopagus〉, 1861, 캔버스에 유채, 80×128cm, 헤르미타지 미술관, 상트페테르부르크(쿤스트할레 함부르크, Hamburger Kunsthall, Hamburg, Germany)

위해 옛 애인인 히페리데스가 나섰다. 변호를 맡은 히페리데스는 프리네를 살릴 유일한 논증은 미학적으로 접근하는 것이라고 생각했다. 그는 프리네의 아름다움으로 배심원들에게 호소하기로 결정했다. 그는 알몸의 프리네에게 천을 씌운 후 법정에 입장시켰다. 그리고는 마치 신상의 제막식을 하듯 프리네를 덮고 있던 천을 걷어냈다.

그 순간 배심원들은 그녀의 아름다운 나체를 경외감 어린 눈으로 바라볼 수밖에 없었다. 양팔로 얼굴을 가리고 있었지만, 가슴과 허리, 허벅지 그리고 다리로 흐르는 몸매의 곡선미는 최상의 아름다움이었다. 프리네의 뛰어난 미모와 몸매에 찬탄을 금치 못하던 배심원들은 이렇게 외쳤다.

"오! 저 아름다움을 우리는 신의 의지로 받아들이자. 저 자연의 총아는 선악의 피안에 서 있는 것이다. 저 신적인 아름다움! 그 앞에서 한갓 피조물이 만들어낸 법이나 기준들은 그 효력을 잃는다."

결국 프리네에게는 무죄 판결이 내려졌다.

이러한 스토리를 프랑스의 화가 제롬Jean-Léon Gérôme, 1824~1904은 〈배심원 앞의 프리네〉(1861)라는 그림으로 표현했다. 프리네는 부끄러운 듯 두 팔로 얼굴을 가리고 있고, 배심원들은 한때 아프로디테 신상의 모델이었던 여인의 눈부신 아름다움에 경악을 금치 못하고 있다.

프로이트 식으로 얘기하면, 여기서 우리는 절시증竊視症, 즉 금지된 것을 훔쳐보고 즐기는 욕망을 볼 수 있다. 노골적으로 여인의 몸매를 감

호세 프라파Jose Frappa, 〈프리네Phryne〉, 19세기경, 캔버스에 유채, 92×131cm, 오르세미술관

상하고 있는 배심원들 중 특히 왼쪽 구석에 앉아 있는 에우티아스를 보라. 히페리데스는 천으로 비열한 고발자의 시선을 가림으로써 신적인 아름다움을 훔쳐볼 수 있는 특권을 그에게서 박탈했다. 목을 길게 빼고 시선을 천 너머로 던지려는 에우티아스의 안타까운 표정이 잘 표현되어 있다.

화가 호세 프라파José Frappa, 1854~1904는 〈프리네〉(1904)라는 작품을 통해 그녀의 아름다움을 더 자세히 보기 위해 배심원들이 다가서고 있는 장면을 표현했다. 그들의 관음증 행위에 프리네는 순순히 응하고 있다.

또 다른 작품으로 조각가 엘리아스 로버트Elias Robert, 1821~1874의 〈프리네Phryne〉(1855)는 "이 세상에 아름다운 것은 수없이 많지만 인간의 신체만큼 아름다운 것은 없다"고 한 철학자 헤라클레토스의 이야기를 떠오르게 한다.

이렇듯 프리네를 모델로 탄생한 작품들의 이면에서 배심원제 재판의 한계를 엿볼 수 있다. 여인의 아름다움 앞에서 배심원들은 동요하였고, 그 아름다움에 도취되어 신성모독에 대한 법적 판단을 비이성적으로 내렸던 것이다.

엘리아스 로버트 Élias Robert, ⟨프리네Phryne⟩,
1855, 대리석, 루브르박물관, 파리

채플린 친자확인 사건

한평생 웃음을 전하며 살아온 20세기 최고의 희극배우인 찰리 채플린 Charles Chaplin, 1889~1977은 누구나 알고 있다. 하지만 사람들이 알고 있는 모습만이 그의 전부는 아니었다. 그의 우스꽝스런 몸짓과 어딘지 모르게 쓸쓸해 보이는 미소에서 우리는 슬픔을 엿볼 수 있다. 채플린은 남을 웃기고 돌아서서 혼자 울던 사람이라는 말도 있었다.

그래서일까. 뛰어난 업적을 남긴 영화인 채플린의 사생활은 수많은 스캔들로 얼룩져 있다. 특히나 여자관계가 복잡했는데, 어린 여자들과의 스캔들로 '병아리 잡는 매Chicken Hawk'라는 별명이 붙여지기도 했다.

채플린이 배우 지망생 조안 배리Joan Barry, 1920~1996를 알게 된 것은 1941년이었다. 그는 배리의 미모와 재능을 알아보고 연극학교에 입학시켰으며, 그녀를 배우로 키우기 위해 온갖 정성을 기울였다.

그러는 사이 두 사람은 사랑에 빠졌고, 동거를 하게 되었다. 하지만 채플린은 1942년 이상행동을 일삼으며 정신적으로 문제가 보이는 배리와 이별하게 된다. 그런데 진짜 문제는 그 후 배리가 임신을 해 1943년 10월에 출산을 했다는 점이다. 배리는 갓 태어난 아기가 채플린의 아이라고 말했고, 채플린은 이를 부인해 결국 소송으로 번지게 되었다.

수태일수와 배란일수를 계산한 결과, 배리는 1942년 12월 23일에서 24일 사이에 임신했다는 산부인과 의사의 보고가 나왔다. 따라서 문제는 임신 가능한 날짜인 12월 23일을 전후해 3일이라는 기간 동안 두 사람이 동침한 사실이 있는가의 여부로 집중되었다. 문제 해결의 핵심이 되는 이 사실에 대해 채플린은 없다고 했고, 배리는 있다고 주장했다.

배리의 진술에 의하면 1942년 2월까지 채플린과 동거한 것이 사실이며, 두 사람이 헤어진 후 채플린과 연락이 두절되었다. 채플린은 더 이상 배리를 만나고 싶어 하지 않았다. 하지만 배리는 채플린에게 집착했다. 급기야 1942년 12월 23일 밤 권총을 숨기고 채플린을 찾아갔는데, 그가 만나주지 않자 창문을 깨고 집 안으로 침입해 들어갔다. 자고 있던 채플린은 깜짝 놀랐고, 총을 들고 있는 배리의 기분을 풀어주기 위해 노력했다. 결국 그날 밤 두 사람은 관계를 가졌다고 한다. 이상은 배리의 진술이었다. 하지만 채플린은 이를 적극 부인했다.

하는 수 없이 아이의 친자확인 혈형검사를 하기로 결정했다. 채플린은 O형이었고, 배리는 A형이었다. 그러나 아이는 B형이었다. O형의 아버지와 A형의 어머니 사이에서는 B형의 아이가 출생할 수 없다.

결국 ABO식 혈형검사로 채플린은 아이의 아버지가 아니라는 것이 증명되었다. 그러나 이러한 과학적 검증은 재판의 판결에 아무런 영향을 미치지 못했다. 배심원들은 배리의 손을 들어주었고, 재판을 담당한 킨케트 판사는 채플린이 아이의 아버지라는 판결을 내렸다. 그리고 양육비로 주급 75달러와 변호사료 5,000달러 지급을 명하였다(1945년 5월 2일의 판결).

이렇게 확실한 과학적 증거를 무시하고 비논리적 판결을 내린 이면에는 배리의 법정 증언이 큰 역할을 했다. 배리는 자신을 만나주지 않는 채플린을 살해할 생각으로 권총까지 준비해 찾아갔다. 하지만 놀라고 당황한 채플린이 거짓으로 자신의 기분을 풀어주기 위해 온갖 노력을 다한 결과 관계를 맺기에 이르렀다고 배심원들에게 눈물로 호소한 것이다.

배리는 또한 재판 결과에 따라 아이와 함께 끝도 없는 나락으로 떨어질 수 있다는 점을 강조하며, 일생일대의 명연기를 펼쳤다. 그녀의 연기에 사로잡힌 배심원들은 그녀를 동정하여 채플린 패소라는 판결을 내렸다.

이렇듯 배심원제 재판은 법 이외의 여러 요소에 의해 좌지우지될 우려가 다분히 있다. 지금도 이러한 판례들이 없다고는 말할 수 없다. 최첨단 기술의 특허 침해를 놓고 미국의 배심원제 재판과 한국 법원의 판결 결과가 정반대로 나오는 것도 이러한 사례로 볼 수 있다.

다윗과 밧세바 사건 1
밧세바는 과연 요부였는가

젊은 나이에 이스라엘을 통일한 다윗 왕은 언변도 좋았고, 미켈란젤로 Buonarr oti Michelangelo, 1475~1564가 제작한 〈다비드David〉(1501~1504) 조각상에서 보는 것처럼 미남형의 걸출한 인물이었다. 그런 다윗 왕이 자신이 가진 무소불위의 권력을 사용해 한 여인과 남자를 비극으로 몰아넣은 사건이 있었다.

어느 여름날 저녁 다윗 왕은 궁궐 옥상에서 바람을 쐬다가 멀리서 목욕을 하고 있는 여인을 발견했다. 그녀의 아름다움에 한눈에 반한 다윗 왕은 그 여인에 대해 알아오도록 했다. 그녀는 밧세바Bathsheba였으며, 남편 우리아Uriah는 군인으로 전장에 나가 있다는 것을 알게 되었다. 다윗 왕은 그 틈을 노려 밧세바를 궁으로 데려왔다. 그리고 권력을 이용해 관계를 맺었는데, 곧 그녀는 임신을 하게 된다.

　다윗 왕과 밧세바의 만남에 대해서는 두 가지 관점이 있다. 하나는 밧세바를 천하의 요부妖婦로 보는 시선과 운명에 순응한 숙명의 여인으로 보는 시선이다. 그러나 대부분의 문헌에서는 그녀가 왕을 유혹하기 위해 일부러 왕이 볼 수 있는 곳에서 목욕을 했다는 견해가 많다. 과연 그러한 견해가 사실인지 여러 자료를 분석해봄으로써 그 의심을 풀어보도록 하자.

　'요부'라는 말과 비슷한 뉘앙스의 단어로 팜므파탈femme fatale이 있다. 이 단어는 프랑스어로 '여성'을 의미하는 '팜므femme'와 '파멸로 이끄는' 또는 '숙명적인'을 의미하는 '파탈fatale'의 합성어로, 팜므파탈은 '숙명적인 여인'을 뜻한다. 숙명적이라는 말은 피할 수 없는 필연적인 굴레를 의미한다. 즉 팜므파탈은 자신이 원하든 원하지 않든 그런 삶을 살아야 하는 비운의 여성을 말하는 것이다.

　이들은 남성을 단번에 압도하는 마성적인 아름다움을 지녔고, 이들과 함께하는 남성은 여인의 운명에 휩쓸려 파국을 맞이하기도 한다. 이 단어는 19세기 낭만주의 작가들에 의해 문학작품에 등장한 후 미술, 연극, 영화 등 다양한 장르로 확산되었다. 이후 팜므파탈이란 남성을 죽음이나 고통을 당하는 치명적인 상황으로 몰고 가는 '악녀'나 '요부'를 뜻하는 말로 확대 변용하여 사용하게 되었다.

　밧세바가 바로 팜므파탈의 전형이라고 볼 수 있다. 다윗 왕이 한눈에 반할 만한 미모와 몸매를 지녔고, 결과적으로 다윗의 미필적 고의未必的

故意에 의한 살인으로 남편을 잃은 여인이기 때문이다.

그런데 좀 더 구체적으로 분석해볼 필요가 있다. 현명하고 위대했던 왕을 밧세바가 일부러 유혹해 결국 남편을 파멸로 이끌었는지, 아니면 권력에 제압당해 운명에 순응해야만 하는 비극의 여인으로 볼 것인지 말이다. 이에 따라 밧세바는 '요부'가 될 수도 있고, '숙명의 여인'이 될 수도 있다. 화가들도 의견이 분분한 이 문제에 대해 관심이 많았다. 그들의 작품을 보면 각각의 화가들이 밧세바를 어떤 관점으로 바라보는지 알 수 있다.

밧세바를 요부로 보는 이유 중 하나는 하필 왕이 나타나는 시간에 목욕을 하고 있었다는 점이다. 이것을 그저 우연의 일치가 아닌, 남자의 욕정을 자극하기 위한 교묘하고도 치밀한 계략이었다고 보는 것이다. 과연 밧세바는 왕이 나타나는 시간에 맞추어 목욕을 하여 그의 욕정을 유발하였을까?

먼저 밧세바가 목욕을 하던 장소는 자신의 집 안이었거나 근처였을 것이다. 당시 이스라엘의 주택은 사방이 담으로 둘러싸여 있고, 두꺼운 지붕이 덮여 있어 매우 높은 곳에서 보지 않는 한 집 안의 안마당을 볼 수 없는 구조였다. 예루살렘을 점령한 다윗은 오벨산 언덕 위에 도성都城을 세우고 '다윗의 도성The city of David'이라 이름 붙였다. 아마 그 정도로 높은 곳에서 본다면 모든 집의 안마당을 보는 것이 가능하였을 것이다.

장 레옹 제롬Jean-Léon Gérôme, 〈밧세바Bethsabée〉, 1889, 캔버스에 유채, 60.5×100cm, 개인 소장

그런데 화가 제롬Jean-Léon Gérôme, 1824~1904이 그린 〈밧세바〉(1889)라는 작품을 보면 한 여인이 옥상에서 황홀한 알몸을 드러내놓고 목욕을 하고 있는데, 마치 남자를 유혹하는 춤을 추는 듯한 몸짓이다. 멀리 떨어진 누각에는 이 광경을 보고 있는 다윗 왕도 보인다. 제롬은 밧세바가 일부러 다윗을 유혹했다고 생각하는 것으로 보인다.

제롬은 밧세바의 요염한 몸짓에 제아무리 현명한 다윗 왕이라 해도 욕정을 이기지 못했을 것이라는 생각을 표현해놓았다. 사실 이 그림대로 밧세바가 옥상에 올라가 목욕을 했다면 틀림없는 유혹 행각일 것이다.

그러나 앞에서 말한 것처럼 당시 이스라엘의 주택은 지붕으로 덮여 있어 옥상이 없는 구조였다. 또한 19세기에 살던 화가 제롬이 당시의 건물양식을 세세히 조사하여 그린 것처럼 보이지 않는다. 오히려 그림 속 옥상은 현대의 것과 비슷하다. 제롬은 여인이 남성을 유혹하였다는 사실을 강조하기 위해 밧세바를 좀 더 유혹적으로 과장되게 표현한 것이다.

밧세바가 만일 집 마당에 나와 몸을 씻었다면 높은 곳에서 내려다본다 해도 담에 가려 전신은 보기 어려웠을 것이다. 또한 아무리 알몸의 미인이라 할지라도 몸의 일부를, 그것도 멀리 떨어진 곳에서 한눈에 알아보고 감동한다는 것은 가능한 일이 아니다.

또한 옛 성터가 남아 있던 자리에 재건한 현재의 '다윗 도성의 전망대'에서 볼 때 당시 주택들은 동쪽의 키드론 골짜기Kidron valley의 저지대

① 다윗 도성의 재건 모형도(우측이 키드론 골짜기
   에 해당), 성서박물관, 이스라엘
② 재건된 현재의 다윗 도성 전망대, 개인 촬영
③ 재건된 현재의 다윗 도성 전망대, 개인 촬영

에 있었다는 기록이 있다(사진 ①, ②, ③). 이렇게 보면 두 지점 간의 거리는 수백 미터 떨어져 있었을 것으로 짐작된다.

망원경도 없던 당시에 과연 다윗 왕이 그 먼 거리의 여인을 보고 한눈에 반할 수 있었을까 하는 의문이 생긴다. 그런데 다윗 왕은 원래 양치기였다. 양치기들은 멀리 있는 양을 보고도 자신의 양인지 아닌지를 구별해야 했기 때문에 일반 사람들보다 훨씬 좋은 시력을 지니고 있다. 이러한 점을 감안하면 멀리 있는 여인을 보고 한눈에 반했을 가능성도 부인할 수 없다.

앙리 팡탱 라투르Henri Fantin-Latour, 〈밧세바〉, 1903, 캔버스에 유채, 개인 소장

이번에는 프랑스의 화가 팡탱 라투르Henri Fantin-Latour, 1836~1904의 〈밧
세바〉(1903)라는 작품을 살펴보자. 아름다운 몸매의 여인이 옷을 벗고
앉아 있다. 상황으로 봐서는 목욕을 한 후 몸을 말리고 있는 것으로 보
인다. 멀리 망루 위에서는 한 남자가 이 여인을 바라보고 있다. 그런데
여인은 자신의 몸을 노출시키지 않으려고 집의 기둥과 나무 뒤에 앉
아 있다. 팡탱 라투르의 작품은 제롬이 옥상에서 남자를 유혹하기 위

해 춤을 추는 듯한 몸짓으로 밧세바를 그린 것과는 완전히 다르게 표현하고 있다.

두 화가의 다르게 표현된 그림으로 제롬이 그린 밧세바는 '요부'에 해당되며, 퐝탱 라투르가 그린 밧세바는 '숙명의 여인'에 해당된다. 그런데 이 문제를 풀 만한 가장 중요한 열쇠는 밧세바가 왜 하필 그날 저녁에 목욕을 했느냐는 것이다. 율법律法에 의하면 여인들은 달거리가 끝나면 몸이 부정하게 되었다고 하여 정결례精潔禮(레 12:2)로 몸을 씻어야 했다. 사실 밧세바는 월경을 막 마친 후였고, 율법대로 부정함을 씻기 위해 정결례로서 목욕을 한 것이었다. 단순히 몸을 깨끗하게 하거나, 왕을 유혹하기 위한 목욕은 아니었던 것이다. 이러한 구약의 기록을 보더라도 밧세바를 요부로 보는 관점은 잘못된 것이라고 할 수 있다.

다윗과 밧세바 사건 2
'공포배란'으로 임신한 밧세바

다윗 왕과 밧세바의 간음 사건은 그 내용이 성서(사무엘하 11)에 나온다. 남편이 있는 밧세바를 취한 것은 아무리 왕이라 해도 부도덕하며 율법에 어긋나는 일이었다. 게다가 다윗 왕은 전장에서 목숨을 바쳐 싸우고 있는 충직한 신하의 아내를 범한 것이다. 다윗 왕은 이런 일이 만천하에 드러나면 왕으로서의 체면이 떨어지게 될 것을 알고 있었으며, 그러한 점을 우려했다.

　화가들은 밧세바의 목욕 장면뿐만 아니라 다윗 왕이 밧세바를 왕궁으로 부르기 위해 전령을 보내는 장면도 중요하게 생각했다. 어떤 화가는 전령이 밧세바에게 가서 편지를 전달하는 것으로 표현했고, 또 다른 화가는 전령이 말로 전하는 모습을 그리기도 했다. 또한 밧세바가 목욕을 하고 있는 바로 그 현장에 전령이 찾아오는 모습을 그리기도 했고,

얀 스틴Jan Steen, 〈다윗의 편지를 받은 밧세바Bathsheba receiving David's Letter〉, 1656~1660, 패널에 유채,
41.2×33.5cm, 개인 소장

목욕이 끝난 후 옷을 입고 있는 밧세바에게 전령이 찾아오는 모습을 그리기도 했다. 이렇게 다양한 작품들이 존재하는 이유는 화가들이 '다윗과 밧세바 사건'을 제각각 이해하며 상상하고 있기 때문이다.

네덜란드의 화가 얀 스텐Jan Steen, 1626~1679의 작품 〈다윗의 편지를 받은 밧세바〉(1659)를 보면 한 노파가 밧세바의 집을 방문해 다윗의 편지를 전하고 있다. 평상복을 입은 밧세바는 편지를 받아들고 왜 왕으로부터 편지가 왔는지 모르겠다는 표정이다. 이러한 표정으로 보아 스텐은 밧세바가 일부러 왕을 유혹하기 위해 계략을 세웠다고 생각하지 않는 것 같다.

네덜란드의 화가 드로스트Willem Drost, 1633~1658의 작품 〈다윗의 편지를 받은 밧세바〉(1654)는 드로스트의 걸작이자 17세기에 그려진 누드화 중 가장 아름답다는 평가를 받고 있다. 이 그림은 스승인 렘브란트의 영향을 많이 받은 것으로 보인다. 어둠 속에서 모습을 드러낸 밧세바의 고운 얼굴에는 왠지 모를 시름이 가득하고, 짙은 그늘이 드리워져 있다. 아마도 오른손에 쥐고 있는 편지에는 궁으로 들어오라는 다윗의 명령이 담겨 있을 것이다.

이에 밧세바는 장차 초래될 결과를 예상하고, 어떻게 하면 좋을지 몰라 시름에 잠겨 있다. 실제로 드로스트의 이 작품은 여러 의미를 담고 있는 것으로 유명하다. 스승인 렘브란트도 같은 해에 같은 주제로 그림

윌렘 드로스트Willem Drost, 〈다윗의 편지를 받은 밧세바Bathsheba receiving David's Letter〉, 1654, 103×87cm, 캔버스에 유채, 루브르박물관

렘브란트, 〈욕실에서 나온 밧세바Bathsheba at Her Bath〉, 1654, 142×142cm, 캔버스에 유채, 루브르박물관, 파리

을 그렸는데, 두 그림을 비교하면 이 사건에 대한 화가들의 관점을 알 수 있어 흥미를 더한다.

드로스트의 스승인 렘브란트Harmenszoon van Rijn Rembrandt, 1606~1669의 〈욕실에서 나온 밧세바〉(1654)라는 작품은 다윗 왕의 마음을 사로잡았던 밧세바의 아름다운 몸매를 주제로 한 누드화이다. 제목에서 알 수 있듯이 그녀는 막 목욕을 마치고 다윗 왕으로부터 온 편지를 손에 쥐고 앉아 있다. 밧세바는 남편 우리아에 대한 정절의 의무와 다윗 왕의 욕망 사이에서 고뇌하는 모습이다. 그녀의 당혹스러움과 마음의 갈등이 그대로 전해진다. 그녀는 지금 왕궁으로 들어가야 한다. 그래서 하녀는 그녀의 몸단장을 돕고 있다. 이것이 렘브란트가 밧세바 사건을 이해한 장면이다. 그는 고뇌하는 인간에 초점을 맞추어 그림을 그렸다.

네덜란드의 화가 루벤스의 〈분수대에 있는 밧세바〉(1635)라는 작품은 그가 57세에 그린 것으로 후기 작품에 속한다. 밧세바는 막 목욕을 마쳤고 하녀가 머리를 빗겨주고 있다. 그 장소에 흑인 소년이 달려와 다윗 왕의 편지를 전한다. 밧세바는 그럴 줄 알았다는 듯한 표정으로 소년을 바라보고 있다. 또한 소년은 최선을 다해 무엇인가를 말하고 있는데, 아마도 왕이 반드시 입궁하라고 했다는 말을 강조하는 듯 보인다. 그림의 뒤편에 위치한 건물에서는 보일 듯 말 듯, 한 남자가 이쪽을 바라보고 있는데 그가 바로 다윗 왕이다. 그림의 종합적인 정황으

루벤스, <분수대에 있는 밧세바Bathsheba at the Fountain>, 1635, 175×126cm, 오크판 유채, 드레스덴갤러리

로 보아 아마도 루벤스는 밧세바를 왕을 유혹한 요염한 요부로 이해하고 있는 것 같다.

플랑드르의 화가 얀 마시스Jan Massys, 1509?~1575?의 작품 〈다윗 왕과 밧세바〉(16세기경)를 보면 밧세바가 목욕을 하고 있는 바로 그 장소에 다윗이 보낸 전령이 와 있다. 전령은 밧세바를 왕궁으로 데려가기 위해 열심히 무언가를 설명하고 있다. 목욕하던 밧세바는 무표정하게 그 이야기를 듣고 있다. 그 옆에서 시중을 들던 여인 중 한 명은 자신들이 예상하던 것이 들어맞았다는 듯 미소를 띠며 전령을 바라보고 있다. 이것으로 보아 화가 마시스 역시 밧세바를 요부로 이해하고 있는 것으로 보인다.

이렇게 궁으로 들어가게 된 밧세바는 다윗과 정을 통하게 되고, 그 결과 예상밖의 일이 벌어지게 된다. 바로 밧세바가 임신을 하게 된 것이다. 당황한 밧세바는 이 일을 다윗 왕에게 급하게 전했으며, 이 사실은 다윗에게도 청천벽력 같은 소식이었다.

남편은 전장에 나가고 없는데, 그 부인인 밧세바가 임신을 했다는 사실로 둘의 간음 사실이 탄로 날 수밖에 없다. 그들은 단 한 번의 관계로 임신을 할 것이라고는 전혀 예측하지 못했을 것이다. 특히 밧세바는 막 월경이 끝난 상태였기 때문에 임신은 절대로 되지 않을 것이라 믿었을 것이다.

이런 애매한 상황을 표현하는 '인식 있는 과실'이라는 법률용어가 있다. 간음을 한다는 것이 나쁘다는 인식을 하면서도 임신이 될 것이라는 사실을 전혀 예측하지 못하는 것이다. 즉 고의와 과실이 모두 개입된 행위로서, 미필적 고의와의 구별이 쉽지 않다. 간음이 나쁘다고 생각한 점에서는 '인식 있는 과실'과 '미필적 고의'는 같다. 그러나 '인식 있는 과실'은 임신은 되지 않으리라고 믿었던 경우고, '미필적 고의'는 임신이 되어도 어쩔 수 없다고 생각한 경우로 그 결과의 발생을 용인 내지는 방임한 점에서 구별된다. 밧세바의 행위는 바로 '인식이 있는 과실'에 해당되는 것이다. 화가들이 고민하고 갈등하는 밧세바의 모습을 그린 것은 이러한 이유 때문일 것이다.

한편, 단 한 번의 육체적 관계로 임신이 가능한가의 문제에 대한 논란은 강간 사건에서 자주 등장한다. 동물들의 배란 양식은 여러 형태인데, 야생 토끼나 낙타는 수컷이 있어야만, 즉 수컷이 교미 동작을 취해야만 배란이 되고 평소에는 배란이 되지 않는다. 원숭이처럼 공포를 느껴야 배란이 되는 동물도 있다. 그래서 수놈 원숭이는 교미 전에 공포 분위기를 조성하기 위해 암컷이 안고 있는 새끼를 뺏어서 던지고 때리기까지 한다. 새끼 원숭이의 비명 소리를 들은 암컷은 공포를 느끼게 되면서 배란이 이루어지고, 발정이 되며, 교미가 가능해진다.

이러한 공포 배란 현상이 사람에게도 나타나는 경우가 있다. 특히 강간이나 간음같이 공포나 불안감이 조성되는 분위기에서 배란이 되는 여성이 있다. 그래서 단 한 번의 성교로 임신이 되었다는 예는 강간이나 간음 사건에서 드문 현상은 아니다.

얀 마시스Jan Massys, 〈다윗 왕과 밧세바David et Bethsaba〉, 16세기경, 162×197cm, 루브르박물관

앞에서 월경이 막 끝나고 정결례를 하는 밧세바에 대한 기록을 예로 들어 그녀는 요부가 아니며, 다윗 왕을 유혹하기 위해 일부러 술수를 부린 것도 아니라고 얘기하였다. 이번에는 밧세바의 임신에 대해 여러 정황을 기반으로 추측되는 것이 있다. 그것은 밧세바가 다윗 왕과의 육체적 관계에서 무언가 공포나 불안을 느꼈을 수 있고, 그로 인해 공포 배란으로 임신이 되었을 가능성이 있는 것이다. 따라서 밧세바를 요부로 보아서는 안 된다는 또 하나의 증거가 되는 셈이다.

다윗과 밧세바 사건 3
역사적 최초의 '미필적 고의' 살인을 범한 다윗 왕

다윗 왕은 율법을 어기고 신하의 아내를 범해 임신이 된 사실이 드러나면 왕으로서의 지위에 큰 흠집이 될 것을 우려해 고민에 빠진다. 다윗 왕은 밧세바의 남편인 우리아에 대해 알아보았다. 그는 용감한 부하장수인 요압의 부하였다. 다윗 왕은 요압에게 편지를 보내 우리아를 궁으로 들게 하라고 지시하였고, 그 명을 따라 요압은 우리아를 궁으로 보냈다.

우리아가 궁에 도착하자 다윗 왕은 그를 환대하였고, 저녁 만찬을 대접하고 선물까지 하사하였다. 그리고 집으로 돌아가 쉬도록 하였다. 하지만 우리아는 집으로 돌아가지 않았고, 궁에 있는 병사들의 처소에 머물렀다. 이를 이상하게 여긴 다윗 왕이 우리아에게 왜 집으로 돌아가지 않느냐고 묻자, 우리야는 이렇게 말했다. "지금 동료 병사들과 상관인 요압이 전장에서 고생을 하고 있는데, 제가 어찌 집으로 돌아가 편안하게 잠을 잘 수 있겠습니까." 이 말을 들은 다윗 왕은 자신의 계략이 빗나갔음을 느끼게 되었다.

다윗 왕은 집으로 돌아가 우리아가 밧세바와 동침을 한 후 임신 사실을 알린다면, 우리아는 자신의 아이로 생각할 것이었다. 하지만 우리아가 집으로 돌아가지 않았으니 난처한 상황이 된 것이다.

화가 렘브란트가 그린 〈다윗과 우리아David and Uriah〉(1665)는 다윗의 명령으로 궁에 들어온 우리아가 왕과 만나는 장면을 그린 것이다. 인물들을 확대해서 왕의 표정을 보면 한 곳을 주시하면서 생각에 골몰하고 있는데 비해, 우리아는 눈을 아래로 깔고 궁궐에 들어오게 된 것만으로도 황송하다는 듯 입술을 굳게 닫고 있다. 이는 어떤 어려운 명령이라도 어김없이 따르겠다는 굳은 의지의 표현이다. 화가는 그림에서 깊은 빛과 그늘을 창조해내어 등장인물들의 마음과 감정, 느낌, 생각 등 인간의 내면을 표현하고 있다.

우리아가 궁궐에서 전장으로 돌아가는 날 다윗은 요압에게 쓴 편지를 우리아에게 주며 전하게 했다. 그 편지에는 우리아에게 위험한 임무를 주어 전사하게 만들라는 내용이 담겨 있었다. 그 편지를 받은 요압은 기회를 엿보던 중 적진 탐색이라는 명목으로 정찰대를 조직하여 우리아에게 이끌게 하였다. 이런 사실을 몰랐던 우리아는 충성을 맹세하면서 부하들을 이끌고 적진 깊숙이 잠복해 들어갔다. 하지만 그의 부하

렘브란트, 〈다윗과 우리아David and Uriah〉, 1665, 127×117cm, 유채, 예르미타시미술관, 상트페테르부르크, 러시아

들은 그를 따르지 않았고, 홀로 적진에 들어가게 된 우리아는 적에게 잡혀 죽임을 당하게 된다. 이는 요압이 지시한 것으로 결론적으로 다윗의 명령에 의한 것이었다.

우리아가 전사했다는 것이 확인되자 요압은 다윗에게 전령을 보내 보고하였다. 그제야 안심을 하게 된 다윗은 밧세바에게 우리아의 전사 사실을 알리고, 입궐하라는 편지를 보냈다. 하지만 밧세바는 바로 입궐하지 않았다. 죽은 남편을 추모하기 위해 상복을 입고 상을 다 마친 후 입궐하겠다는 말을 전한다.

밧세바가 입궐하기 위해 몸치장을 하는 장면을 그림으로 표현한 화가들은 많은데, 이탈리아의 화가 세바스티아노 리치Sebastiano Ricci, 1659~1734는 〈목욕하는 밧세바〉(1720)와 〈밧세바의 목욕〉(1725)이라는 두 그림을 5년 간격으로 그릴 정도로 밧세바의 입궐을 위한 목욕 장면에 관심이 높았다. 1720년의 그림은 입궐 직전의 목욕하는 모습이다. 그리고 1725년의 그림은 오른편에 다윗 왕의 편지를 들고 있는 사령이 있는 것으로 보아, 막 입궐하라는 전달을 받고 목욕을 시작하는 장면으로 보인다.

세바스티아노 리치가 밧세바의 목욕 장면에 관련해 두 작품을 그린 것은 다윗 왕의 옳지 못한 행동과는 상관없이 밧세바의 아름다움을 재현하는 데 관심을 쏟고 있는 것으로 보인다. 시중 드는 여인이 목욕물의 온도를 가늠하며 탕 속에 뿌릴 장미꽃을 준비하는 동안, 용머리가 토해내는 세찬 물줄기를 응시하는 밧세바의 얼굴은 흥분을 감추지 못하

세바스티아노 리치Sebastiano Ricci, 〈목욕하는 밧세바Bathsheba at the Bath〉, 1720, 캔버스에 유채, 119×199cm, 파인아트뮤지엄, 부다페스트

는 듯 달아올라 있으며, 남편을 잃은 서러움 같은 것은 찾아볼 수 없다.

특히 두 그림 모두에서 거울이 등장하는데, 알몸의 여인이 들여다보는 거울은 향락과 허영의 상징이다. 또한 자신의 과거를 뉘우치는 자책과 반성의 의도도 숨어 있다. 앞에 놓인 거울을 들여다보는 순간, 등 뒤에 펼쳐지는 과거의 풍경을 함께 보기 때문이다. 이렇듯 그림 안에는 상반된 이중적 교훈을 담은 것으로 화가는 다윗 왕도 잘못이지만 밧세바의 행실도 좋지 않다는 것을 은근히 표현하고 있다.

19세기 프랑스 상징주의 화가인 구스타브 아돌프 모사Gustav Adolf Mossa, 1883~1971의 작품 〈다윗과 밧세바〉(1907)는 부정한 남녀의 결합과 무고한 희생자를 대비하여 표현하였다. 화려한 색감으로 표현된 그림은 첫눈에 아름다워 보인다. 하지만 자세히 살펴보면 다윗은 밧세바의 남편 우리아를 고의적으로 죽게 했지만, 마치 전사한 것으로 미화하여 '미필적 고의'에 의한 살인 행위를 폭로하고 있다.

그림의 배경에는 밧세바의 남편 우리아가 용감하게 말을 타고 전쟁터로 달려가는 모습을 보여주고 있다. 방 안에서는 분홍빛 드레스의 화려한 옷차림에 장신구로 치장한 밧세바를 표현하였고, 호색적인 눈빛과 긴 매부리코를 가진 욕정에 불타는 늙은 치한癡漢으로 다윗 왕을 표현하였다. 밧세바는 싫지 않은 듯 다윗의 손길을 뿌리치지 않고 있다.

이렇게 색한과 요부가 만나고 있음을 모르는 용맹한 군인은 왕에게 충성하기 위해 최선을 다 하다 전사하였고, 이로써 이들은 결합하여 부

세바스티아노 리치, 〈밧세바의 목욕Bathsheba in her Bath〉, 1725, 캔버스에 유채, 111.8×144.3cm, 베를린주립박물관.

부가 되었다는 것을 폭로한 작품이다.

당시는 남편이 전사하여 과부가 된 전쟁미망인을 돌보는 것은 하나의 미덕으로 여겼으며, 또 일부다처가 사회의 한 제도로 용인되던 시대였다. 그렇기 때문에 다윗은 우리아의 죽음을 계기로 밧세바를 떳떳하게 맞이할 수 있게 된 것이다. 밧세바는 왕비가 되었고, 곧 아들을 낳았다.

다윗은 밧세바를 손에 넣기 위해 이성을 잃고 그 남편을 죽음으로 몰아넣었다. 전투를 빙자해 죽게 한 것은 '미필적 고의'가 내포된 것이며, 이것은 인류사상 처음으로 '미필적 고의'에 의한 살인으로 볼 수 있다. 하지만 다윗 왕의 이러한 행동은 진정으로 그녀를 사랑해서가 아니라 단지 아름다움만을 탐닉한 것이라고 볼 수 있다. 즉 진정한 사랑이라고 볼 수 없다. 다윗은 정욕과 사랑을 착각한 것이고, 아름다운 것은 가치가 있다는 잘못된 생각을 하게 된 것이다. 아름다움에 혈안이 되면 어리석은 행동도 서슴지 않게 하게 된다. 그 이면의 심리를 분석한 평론가에 의하면 마치 고급 보석이나 명품을 손에 넣기 위해 범죄를 저지르는 것과 같은 현상이라고 했다.

다윗과 밧세바의 사건을 살펴보면서, 우리 사회에도 만연해 있는 외형적 아름다움을 추구하기 위해 범죄적 행동도 서슴지 않는 폐단이 만연되어 있음이 우려되고 있다. 아름다움만을 추구함으로써 정욕과 사랑을 혼동해서는 안 된다.

아리스토텔레스와 필리스 사건의 진상
이성과 열정 사이, 대학자의 굴욕

아리스토텔레스는 살아있는 동안에도 위대한 철학자로서 명성을 얻고 있었다. 마케도니아 왕은 아리스토텔레스에게 자신의 아들 교육에 대한 모든 권한을 일임한다. 그 아들은 훗날 대제국을 건설하는 알렉산더 대왕이 되는데, 스승 아리스토텔레스의 가르침이 큰 역할을 했다.

이러한 관계를 그림으로 표현한 것이 있는데, 화가 리벤스^{Jan Lievens,} _{1607~1674}의 〈찰스 왕세자와 그의 가정교사^{Prince Charles Louis With His Tu-}_{to}〉(1631)라는 작품이다. 이 작품에서 노^老 철학자는 어린 왕자를 가르치고 있다.

어느 날 스승은 제자가 한 여인에 빠져 학문을 소홀히 하는 것을 알게 되었다. 이를 못마땅하게 여긴 스승은 지나치게 여색에 빠지면 정신건강에도 해롭고 학업에도 좋지 못한 영향을 미친다고 경고하며 여인과

얀 리벤스Jan Lievens, 〈찰스 왕세자와 그의 가정교사PrinceCharles Louis With His Tuto〉, 1631, 캔버스에 유채, 103.5×96.5cm, J. 폴 게티 뮤지엄, 로스앤젤레스

의 관계를 금했다. 알렉산더 왕자가 깊이 빠져 있던 여인은 필리스^{Phyllis}라는 아름다운 헤타이라였다.

여자를 멀리하라는 아리스토텔레스의 말이 필리스에게는 당연히 곱게 들릴 리가 없었다. 앙심을 품은 필리스는 자신과 왕자를 떼어놓으려는 철학자에게 복수를 다짐하고, 빼어난 자태와 교태로 노 철학자를 유혹하기 시작했다. 과연 뜨거운 육체로 무장한 사랑의 공세가 차가운 이성으로 무장된 철학자를 정복할 수 있을까? 의구심과 달리 승부는 의외로 빨리 판가름이 났다.

제자에게 여자를 멀리하라고 가르쳤던 대철학자 스스로가 사랑에 눈이 멀어버린 것이다. 아리스토텔레스는 사랑하는 여인 앞에서 기꺼이 노예가 되었다. 네 발로 기는 말이 되어 자신을 등에 태워달라는 필리스의 요구대로 모든 체면을 내던지고 그녀를 태우는 말이 된 것이다. 이로써 필리스는 멋지게 복수에 성공했다.

하지만 필리스의 복수는 여기서 그치지 않았다. 미리 계략을 꾸며 알렉산더 왕자가 이 장면을 엿보도록 만들었다. 자신에게 여자를 멀리하라고 가르치던 점잖은 스승이 여자의 노예가 되어 네 발로 땅을 기는 모습을 보면 왕자의 마음도 다시 돌아올 것이라고 기대한 것이다.

하지만 필리스의 목적은 달성되지 못했다. 아리스토텔레스를 골탕먹이는 데는 성공했을지 몰라도 알렉산더의 마음을 사로잡는 데는 실패했다. 철학의 대명사로 통하던 스승의 이성마저도 아름다운 여인의 공세 앞에 처참히 무너지는 것을 본 알렉산더는 오히려 "여자는 위험하다"는 스승의 가르침이 정말 옳다는 것을 생생하게 깨달았다. 그 후 알렉산더는 스승의 가르침에 따라 필리스를 완전히 멀리했고 스승을 더욱 존경하게 되었다.

그런데 이 이야기는 실화가 아니다. 이 전설을 추적해 올라가면, 13세기 프랑스의 '앙리 당들리'라는 작가가 남존여비의 제창자이며, 철저한 남성우월론자인 아리스토텔레스를 기초해 꾸며낸 이야기다. 왜 중세의 작가는 존재하지도 않은 사실을 꾸며냈을까? 그 이유는 간단하다. 성 문란에 대한 도덕적 경고로서 여인의 유혹에 빠지지 말라는 메시지를 전달하기 위해 만들어낸 것이다. 여자를 경계하며 금욕을 강조한다는 면에서 이 이야기는 철저히 중세적이다. 오히려 고대인들은 여자의 유혹을 두려워하지 않았고, 중세 사람들만큼 금욕적이지도 않았다. 고대 인물을 내세운 가짜 이야기가 중세에 인기를 얻었다는 것은 아이러니라고 할 수 있다.

필리스의 보복 행위는 유죄일까

작가 앙리 당들리가 처음 저술한 〈아리스토텔레스와 필리스〉의 일화는 그 후 화가 한스 발둥Hans Baldung, 1484~1545에 의해 〈아리스토텔레스와 필리스〉(1513)라는 목판화로 제작되어 더욱 유명해졌다. 성 안 정원에서 벌거벗은 필리스가 늙은 아리스토텔레스의 등에 올라타 채찍으로 엉덩이를 때리며 말처럼 몰고 있다. 네 발로 기고 있는 아리스토텔

한스 발둥Hans Baldung Grien,
〈아리스토텔레스와 필리스
Aristotle and Phyllis〉, 1513,
목판화, 330×236cm,
독일국립박물관, 뉘른베르크

레스는 비굴한 눈빛으로 등에 올라타고 있는 여자를 바라보고 있다. 그리고 담장 너머에는 한 젊은 남자가 이들을 바라보고 있다. 젊은 남자는 바로 알렉산더를 표현한 것이다. 이 작품에서 아리스토텔레스의 자세는 지성과 이성이 육체의 쾌락에 의해 함락된 매우 굴욕적인 모습으로 표현되어 있다.

　이 이야기는 똑같은 제목으로 중세의 여러 화가에 의해 많은 작품으로 만들어졌는데 그중 플랑드르파 화가 얀 새들러Jan Sadeler I, 1550~1600의 〈아리스토텔레스와 필리스〉(1587~1593)라는 목판화는 발둥의 것보다

얀 새들러Jan Sadeler I,
〈아리스토텔레스와 필리스〉,
1587~1593, 목판화,
파인아트뮤지엄, 몬트리올

더욱 가혹하게 묘사되었다. 기꺼이 말이 되어준 아리스토텔레스는 지칠 대로 지쳐 더 이상 움직일 수 없게 되었지만, 필리스가 그를 재촉하며 채찍으로 내리치고 있다.

화가들이 똑같은 제목의 작품을 회화보다 목판화 형태로 제작한 이유는 목판의 경우 그림의 대량 제작이 가능했기 때문이다. 이러한 점을 고려하면 당시 이 주제가 대중들에게 얼마나 많은 인기를 얻었는가를 짐작할 수 있다.

아쿠아마닐, 〈아리스토텔레스와 필리스〉, 1400년경, 청동, 32.5×17.9 ×39.3cm, 로버트 리먼 컬렉션 (1975)

필리스의 아리스토텔레스에 대한 보복과 채찍질을 법적으로 해석해보면 재미있는 결과가 도출된다. 필리스는 철학자의 동의를 얻어서, 아니 철학자 본인이 원해서 말을 타고 채찍질을 한 것이기 때문에 그것이 폭행이라 해도 동의폭행, 동의상해에 해당된다. 따라서 무죄가 성립되는 것이다.

위대한 철학자를
통해 보는 인간의 본성

중세시대에 프랑스의 한 조각가는 〈아리스토텔레스와 필리스〉(1400년경)라는 제목으로 아쿠아마닐Aquamanile이라는 주둥이가 넓은 물 항아리를 만들었다. 이것은 교회에서 사제가 미사를 거행할 때 손을 씻는 성수반聖水盤으로 사용되기도 했다.

이 이야기가 이렇듯 다양한 예술 작품의 소재가 된 이유는 과연 무엇일까? 아마도 아름다운 여성 앞에서 한없이 무력해지는 남성의 본성을 적나라하게 보여주었기 때문일 것이다. 남성과 여성을 통틀어 인간으로 확장해 말하자면 지성은 육체에 의해 배반당할 수 있으며, 이성 또한 열정에 의해 마비될 수 있다는 사실을 위대한 철학자를 주인공으로 삼아 극적으로 전달한 것이다.

앞의 작품들과는 달리 대철학자 본연의 명예를 회복시킨 작품도 있다. 바로크의 거장 렘브란트가 그린 〈호메로스의 흉상과 아리스토텔레스Aristotele contempla il busto di Omero〉(1653)라는 작품이다. 이 작품은 그리스의 대문호이며 서사시의 창시자로 지성과 윤리의 표상인 호메로스와 그리스의 대철학자 아리스토텔레스를 만나게 한 그림이다. 아리스토텔레스가 착용하고 있는 커다란 금으로 된 체인은 알렉산더 대왕이 선물한 것으로 대왕 자신의 얼굴이 새겨진 메달이 붙어 있다. 이것은 필리

렘브란트, 〈호메로스의 흉상과 아리스토텔레스Aristóteles mirando busto de Sócrates〉, 1653, 캔버스에 유채, 143.5×136.5cm, 뉴욕메트로폴리탄

스와 관계된 굴욕적인 이야기와 상관없이 아리스토텔레스는 여전히 존경받는 철학자라는 사실을 증명하고 있다.

또한 이 작품은 대문호와 대철학자의 삶이 연결되는 묘한 분위기를 연출하고 있다. 아리스토텔레스는 제자인 알렉산더 대왕으로부터 많은 재물을 받아 부와 명예를 누렸다. 하지만 호메로스는 파티에서 하프 연주를 해 번 돈으로 빈곤하게 생활하면서도 그리스 전 지역을 돌아다니며 큰 업적을 남겼다.

그림을 보면 아리스토텔레스는 호메로스의 흉상 위에 손을 얹고 그의 정신적인 유산을 묵상하는 듯한 엄숙한 장면으로 표현되어 있다. 자세히 보면 아리스토텔레스의 눈빛에는 호메로스에 대한 감탄과 존경을 넘어서 동정의 서글픔마저 비친다. 특히 아리스토텔레스가 호메로스의 흉상에 손을 얹는 표현은 대철학자의 굴욕을 한 장의 그림으로 변명하는 작품이라고 할 수 있다.

No. 17

질투에 미치다

수많은 걸작을 남긴 프랑스의 조각가 로댕Auguste Rodin, 1840~1917은 작품
만큼이나 여성 편력으로 많은 일화를 남겼다. 그중에서도 사람들의 공
분을 산 것은 젊고 유망한 여류 조각가의 사랑을 헌신짝 버리듯 버림
으로써 정신이상이 되어 평생을 고통 속에 살다 죽음을 맞이하게 했다
는 사실이다.

조각가 지망생 카미유 클로델Camille Claudel, 1864~1943은 열세 살의 어린
나이에 파리의 에콜 데 보자르라 예술학교에 입학했다. 어린 나이에 당
시 최고의 예술학교에 입학할 수 있었던 것은 예술적 재능이 뛰어났
기 때문이다.

이 학교 교장은 그녀의 재능을 높이 평가해서 당시 최고의 조각가였
던 로댕에게 지도를 받을 수 있도록 강력하게 추천했다. 그때 카미유의

나이는 열아홉 살이었고, 로댕은 마흔두 살이었다. 처음 두 사람은 스승과 제자로 만났고, 로댕은 그녀에게 작품의 모델이 되어줄 것을 제안했다. 로댕의 예술을 이해하고 사랑했던 카미유는 거리낌 없이 옷을 벗고 원하는 대로 포즈를 취하였다.

로댕의 많은 제자 중에서도 가장 뛰어난 솜씨를 보인 것은 역시 카미유이었다. 로댕 역시 그녀의 실력을 신뢰하여서 작품의 섬세한 마무리 단계를 그녀에게 맡기곤 하였다. 두 사람은 서로 협력하여 빛나는 많은 작품을 완성하였고, 이렇게 작품의 작업을 함께해 나가면서 연인관계로 발전하게 되었다. 하지만 당시 법적으로 혼인관계는 아니었지만, 로댕은 로즈 뵈레^{Rose Beuret}라는 여인과 동거를 하고 있었다.

로즈 역시 열여덟 살 때 로댕의 모델이 되었는데, 그 후 1년 뒤에 로댕의 아이를 낳게 된다. 로댕이 로즈를 모델로 택했던 것은 농촌 출신이었던 그녀의 단단한 근육질의 몸매 때문이었는데, 바로 로댕이 원했던 모델이었다. 또 그녀는 매우 순종적이었다. 그래서 로댕은 그녀를 말할 때 "로즈는 동물적이야"라고 표현하였는데, 이는 그녀와 일생을 같이 한 중요한 이유 중 하나였다.

그가 이야기하는 동물적이라는 의미는 여러 가지를 의미를 내포하고 있다. 로댕은 자신의 화실에 불러들인 모델을 작업만 마치고 그대로 보낸 적이 없었다. 모델들은 한결같이 그의 뜨거운 입김을 쏘이고 나서야 화실에서 나올 수 있었다. 그의 여성 편력은 매우 심해 관계를 맺은 여인은 알려진 것만도 수십 명이었다. 하지만 로즈는 그의 난잡한 여자관계에 대해 단 한마디 불평도 없었다. 어떨 때는 모델들이 포즈를 취하도록 도와주기도 했다. 그래서인지 로댕은 일생을 그녀와 함께하였고, 죽기 16일 전에 정식으로 결혼식을 올렸다. 하지만 그녀가 낳은 아이를 자신의 아이라고 생각하지는 않았다.

로댕은 자신에게 영감을 주는 포즈는 사랑에 빠지지 않고서는 취할 수 없다는 구실로 모델들의 몸을 마음대로 취하였다. 이에 에밀 졸라 Emile Zola는 "그는 모델들의 아름다운 나신에 대해 찬사를 아끼지 않았다. 그녀들을 눈으로 애무하고, 때로는 손으로 애무하면서 키스하고 어루만졌으며, 자신의 기쁨을 위해 그녀들을 그렸다. 그는 그것이 여성의 섹슈얼리티를 이해하는 노력이라고 하였다. 즉 그는 낮에는 그녀들을 그렸고, 밤에는 그녀들을 품에 안았다. 그의 여자 누드 작품의 중심축은 그와 모델들 간의 섹스였던 것이다."

로댕이 카미유를 유혹할 때도 이러했다. 카미유는 로댕과 동거중인 로즈를 신경 쓰며 이야기하면 로댕은 "너하고 정식으로 결혼할 거야"라는 약속을 하였다. 하지만 로댕은 그 약속을 지키지 않았고, 다른 모델들과의 난잡한 관계를 이어갔다. 로댕은 예술적 영감을 얻는다는 구실로 수많은 여인을 농락했고, 카미유도 로댕에게는 그런 여자들 중 하나였을 뿐이었다. 이러한 일들이 반복되자 1890년 결국 카미유는 그에게 결별을 선언하였다.

까미유는 뛰어난 조각가였다. 그리고 로댕의 가장 근사한 모델이었으며 로댕 조각의 수많은 작품이 그녀와의 사랑에서 비롯되었던 것이다. 또 그의 수많은 조각품에 그녀가 손을 더했기 때문에 빛이 났던 것이다.

그나마 그녀의 정신이 멀쩡할 때 빚어낸 주옥 같은 작품이 지금도 파리의 로댕미술관의 방 하나를 차지하고 있다. 결국 죽어서도 그의 곁을 떠나지 못하는 불멸의 연인이 되었다. 하지만 더 크게 꽃필 수 있었던 여류 조각가의 일생이 한 남성의 야욕에 의해 철저하게 유린되어버린 것은 안타까운 일로 영구히 남게 될 것이다.

로댕과 결별한 그녀는 그 당시의 유명했던 음악가 드뷔시^{Claude Debusey}와 관계를 맺었지만 로댕의 방해로 관계는 지속되지 못했다. 그녀가 만든 〈성숙한 나이〉(1989)라는 작품에는 그녀의 한이 그대로 표현되어 있다. 표면상으로는 젊은 여자가 노파에게 끌려가는 남자를 안간힘을 다해 붙들고 있어, 젊음은 한때일 뿐이며 나이가 들어가는 것은 어쩔 수 없다는 것을 표현한 것으로 보인다. 하지만 실은 로즈에게 끌려가는 로댕에게 처절하게 매달리는 자신을 표현한 것이다. 카미유는 로즈를 마치 마귀할멈처럼 표현했으며, 로댕은 젊은 여인의 사랑을 돌아보지 않고 무기력하게 이끌려가는 남성으로 표현했다.

로댕과 이별했지만 그녀는 잠을 이루지 못하는 밤에는 로댕과 로즈의 사랑하는 모습을 떠올리며 괴로워했다. 로댕이 마치 로즈를 잃은 게 두려운 듯 두 팔로 그녀를 껴안고 있는 모습을 〈기상〉(1892)으로 그렸고, 로즈와 로댕이 마치 동물처럼 교접하는 모습을 〈동거〉(1892)라는

카미유 클로델Camille Claudel, 〈성숙한 나이L'Âge mûr〉, 1898~1913, 석고 및 청동, 오르세미술관

그림으로 표현하였다.

이러한 정신적인 고통뿐만이 아니라 경제적으로도 심한 타격을 받은 카미유 클로델은 정신발작을 일으켜 앙김Enghiem의 몽드베르그 Montdevergues 정신병원에 강제로 수용되었다. 그녀는 일흔여섯 살의 나이로 사망할 때까지 30년 동안 병원에서 나오지 못했다.

콘스탄체 모차르트는
과연 악처였을까

악처惡妻에 대해 이야기하면 먼저 소크라테스의 아내 크산티페를 떠올리게 된다. 하지만 음악계에서도 그에 못지않은 악처가 있는데, 하이든Franz Joseph Haydn, 1732~1827의 부인 마리아와 모차르트Wolfgan Amadeus Mozalt, 1756~1791의 부인 콘스탄체가 있다.

하이든과 모차르트는 모두 처음 사랑했던 여인과 결혼하지 못했다. 하이든은 테레제라는 여인을 사랑하였으나, 결국 그녀의 언니인 마리아와 결혼하였다. 모차르트도 알로이시아라는 여인을 사랑했는데, 그녀의 동생인 콘스탄체와 결혼하게 되었다. 이 두 여인은 음악계에서는 악처로 평가받는다.

콘스탄체를 악처로 평하게 된 이유는 모차르트가 죽기 2년 전부터는 요양을 핑계로 바덴의 온천장으로 갔는데, 그때마다 모차르트의 제자인 쥐스마이어와 동행하였다. 콘스탄체와 쥐스마이어 사이에는 연문이 자자했는데, 셋째아들인 프란츠 크사버는 쥐스마이어의 아들이라고 주장하는 평론가들도 있다.

콘스탄체는 경박하고, 질투심이 강하고, 정숙하지 못한 여성이었다. 그녀를 악처로 평하는 가장 유력한 이유는 남편의 장례식에 몸이 아프다는 이유로 참석하지 않았으며, 공동묘지 중에서도 맨 하위인 3등 묘지에 여러 사람의 시신과 모차르트의 시신을 함께 묻어 지금 그의 무덤조차 알 수 없게 만들었다는 점이다.

이렇게 콘스탄체가 악처로 평가받게 된 근본 원인은 그들의 첫 만남에서부터 찾아볼 수 있다. 모차르트가 빈에서 활동할 당시 베버Weber 부인(음악가 베버의 고모)의 하숙집에서 머물렀는데, 그 집의 큰딸 알로이시아는 미인인데다가 성악가로서의 자질이 뛰어났다. 모차르트는 그녀에게 완전히 반해버렸고, 두 사람은 사랑에 빠지게 된다. 하지만 베버부인은 큰딸은 돈이 많은 사람에게 시집을 보내려는 욕망에 두 사람을 억지로 갈라놓았다. 그리고 알로이시아를 요제프 랑거Joseph Langer라는 돈 많은 배우이자 화가와 결혼시켰다. 대신 모차르트에게는 작은 딸인 콘스탄체와 결혼하도록 부추겼다.

모차르트는 아버지의 반대에도 불구하고 스물여섯 살의 나이에 열아홉 살의 콘스탄체와 1782년 8월에 결혼했다. 이 결혼으로 인해 모차르

요제프 랑거Joseph Langer, 〈모차르트 초상〉, 1782, 모차르트 Geburtshaus, 잘츠부르크

트 부자 간의 사이도 벌어지게 되었다. 모든 어려움을 이겨내고 한 결혼이었기 때문에 모차르트는 콘스탄체를 진심으로 사랑했다. 하지만 결혼을 하고 보니 콘스탄체는 질투심과 낭비벽이 심하고, 남편의 천재성을 전혀 이해하지 못하는 여성이었다.

모차르트의 초상화 가운데는 미완성의 작품이 있다. 그것은 모차르트를 버리고 다른 남자하고 결혼한 알로이시아의 남편인 랑거가 그린 초상화이다. 즉 랑거는 직업적인 화가는 아니었으나 자신의 그림 솜씨를 선보이기 위해 1782년에는 처제인 콘스탄체의 초상화를 그려주었다. 그리고 1789년에 모차르트의 초상화를 그려주기로 했다. 그러나 모차르트의 초상화를 그리던 중 문제가 발생했다. 즉 알로이시아와 모차르트가 열렬한 사랑에 빠져 결혼 이야기까지 오갔던 사실을 알게 된 것이다. 이에 질투심에 불탄 랑거는 알로이시아와 매일같이 싸움을 했고, 결국 그림은 중단되어 미완성의 상태로 남게 되었다. 이후 알로이시아와 랑거는 이혼을 하게 되었다.

모차르트가 사망한 후 그 장례식에 콘스탄체는 참석하지 않았지만, 알로이시아는 장례식에 참석하였다. 만약 베버 부인의 압력이 없었다면 모차르트와 알로이시아는 결혼했을 것이고, 어쩌면 서로의 재능을 아끼고 더욱 발전시켰을지도 모른다.

2006년 모차르트 탄생 250주년을 맞이하여 〈모차르트 특집〉이 발간되었는데, 그 특집에서 '콘스탄체는 과연 악처였는가?'라는 논제에서

요제프 랑거, 〈콘스탄체 모차르트Constanze Mozart〉, 1782, 42×42cm, 캔버스 유채, 헌터박물관

는 그녀를 달리 평하고 있다.

결혼 전 모차르트는 두 살 아래인 사촌 여동생인 마리아 안나^{Maria Anna}와 매우 위험한 관계에 있었다. 결혼 후에도 그는 자신의 작품에 출연하는 여가수들과 끊임없는 스캔들이 있었는데, 그 수가 무려 200명이나 된다고 한다. 특히 모차르트는 콘스탄체와 결혼한 후에도 알로이시아를 잊지 못해 〈후궁에서의 유혹〉〈극장 지배인〉〈돈조반니〉 등에 그녀를 출연시켰으며, 그녀를 위해 여러 개의 연주회용 콘서트 아리아는 작곡하였다. 또한 모차르트는 연주자로 함께 참여시킴으로써 리허설을 핑계로 자주 만났다고 한다. 즉 스타 피아노 연주자겸 작곡가로, 인기 프리마돈나의 만남으로 생각할 수 있었겠지만, 두 사람의 관계를 알고 있었던 콘스탄체에게는 단순하게 넘길 문제가 아니었다. 언니와의 관계를 끊지 않고 유지하고 있는 남편과 언니에 대한 질투심과 분노에 의해 그의 천재성은 무시할 수밖에 없었던 것이다.

콘스탄체를 악처라고 하는 가장 주된 이유가 바로 모차르트의 장례식에 참석하지 않았다는 것이다. 콘스탄체는 많은 여가수와 스캔들에 휩싸인 것은 그런대로 눈을 감아줄 수가 있었을 것이다. 하지만 모차르트와의 관계 때문에 이혼을 한 후에도 계속해서 관계를 맺어온 언니와 모차르트 두 사람을 용서할 수는 없었을 것이다. 그리고 모차르트가 사망한 후 자신보다 더 슬퍼하는 언니의 모습을 차마 볼 수 없었을 것이다. 그래서 아프다는 핑계를 대고 장례식에 참석하지 않은 것인지도 모른다.

또 모차르트를 맨 하위인 3등 묘지에 매장한 것은 그의 지나친 낭비벽으로 많은 빚에 시달리고 있었기 때문이다. 또한 당시 3등 묘지는 일반시민이 매장되는 곳으로, 생각하는 것처럼 하등에 속하는 것은 아니었다.

모차르트 가족과의 불화와 대립도 문제가 되었다. 모차르트의 아버지는 콘스탄체와의 결혼을 극심히 반대하였고, 시누이인 안나 마리아는 그녀를 괄시하고 냉정하게 대하는 등 모차르트 가족에 대해서도 원한이 깊었다고 한다.

콘스탄체는 남편이 사망하고 18년이 지난 후 덴마크 출신 외교관이었던 게오르크 니콜라우스 폰 니센Georg Nikolaus von Nissen과 재혼하였다. 콘스탄체는 재혼한 후 현모양처로 평생을 살았으며, 자신의 언니가 이혼한 후 생활고에 시달리자 죽을 때까지 그녀를 원조하는 등 본 바탕은 선한 여성의 기질이 있었음을 알 수 있다.

결혼생활은 니센이 예순다섯 살로 사망할 때까지 17년간 지속되었는데, 그간에 모차르트가 진 빚을 완전히 청산하였다. 그리고 모차르트를 숭배하는 남편과 협력하여 남아 있던 서간 악보를 정리하고 보전하는 작업을 하였다. 또한 국왕마저 읽고 감동한 《모차르트의 전기》를 집필하였다. 과연 우리는 이러한 콘스탄체를 악처라고 말할 수 있을까?

Part 03

법의학, 예술작품을 해부하어
죽음의 원인을 밝혀내다

그림을 통해
자살을 입증하다

반 <u>고흐</u>Vincent van Gogh, 1853~1890의 죽음에 대해서는 그가 사망한 지 백여 년이 지났지만 아직도 자살과 타살에 대한 주장이 엇갈리고 있다. 논쟁의 중심에 있는 것은 그가 생을 마칠 무렵에 그린 그림의 해석에 달려 있다. 그 그림은 바로 〈도비니의 정원〉(1890)인데, 그것은 예전에 오베르에 살았던 화가 도비니Charles-Francois Daubigny, 1817~1878의 정원을 그린 것이다. 이 〈도비니의 정원〉은 두 가지 그림이 남아 있는데, 그 하나는 바젤의 스테크린이 소장하고 있고, 다른 하나는 일본의 히로시마 미술관에 소장돼 있다.

이 두 그림의 내용은 비슷한데 문제는 검은 고양이가 있고 없고의 차이다. 그림 중의 검은 고양이가 누구를 상징한 것인가의 해석에 따라 자살인지, 타살인지에 대한 주장이 엇갈리고 있다.

빈센트 반 고흐, 〈도비니의 정원Daubigny's Garden〉, 1890, 56×101cm, 캔버스에 유채, 쿤스트뮤지엄

빈센트 반 고흐, 〈도비니의 정원Daubigny's Garden〉, 1890, 56×101cm, 히로시마미술관

반 고흐는 죽기 전 동생에게 보낸 마지막 편지(1890년 7월 24일)에 도비니의 정원에 대한 설명과 스케치를 보냈는데, 그 내용에 고양이가 무엇을 의미하고 왜 그렸는가에 대해서는 어떠한 언급이 없다. 그래서 자살과 타살 주장자들은 검은 고양이에 대한 해석을 제각기 자신에게 유리하도록 풀어내고 있다. 이제 그들의 주장을 살펴본 후 필자의 의견을 덧붙이려고 한다.

자살 주장자들의 의견

두 〈도비니의 정원〉이라는 두 작품에서 가장 큰 차이는 검은 고양이가 있고 없고의 차이다. 사라진 검은 고양이에 대해서는 의견이 분분하다. 즉 그림을 보수할 때 없었다는 설, 1900년까지는 분명히 있었는데 1929년 사이에 누군가가 없앴다는 설, 원래 처음부터 없었다는 설 등이 있다.

고양이가 없는 그림을 면밀히 살펴보면 고양이가 있는 위치에 무엇인가 다른 것이 그려져 있다. 고양이가 있던 자리의 풀들은 흩어져 검은 빛이 나 주변의 풀들의 빛깔과는 다르다. 그리고 붉은 빛이 완연한 것으로 봤을 때 무엇인가 있던 것이 사라졌음을 추측할 수 있다. 즉 있던 것이 없어진 '존재의 소멸'을 표현한 것으로 생각된다.

이를 통해 자살 주장자들은 검은 고양이는 바로 반 고흐를 의미하는 것이며, 그림 위의 검은 옷을 입은 여인은 요안나(반 고흐의 처제)이고,

세 개의 의자는 테오(반 고흐의 동생)의 가족용이라는 것이다. 그림에서 검은 고양이, 즉 고흐 자신이 사라진 것은 평화로운 동생의 가족에게 방해가 되지 않기 위해서라는 것이다.

타살 주장자의 의견

타살을 주장하는 사람들은 반 고흐가 스스로 총을 발사한 것은 사실이나 고갱이 뒤에서 조정하는 꼬임에 빠져서 한 것이기 때문에 타살이라고 주장한다.

두 그림의 차이는 고양이가 있고 없고 외에 뒷면 집의 담벼락의 빛깔이 다르다. 바젤의 것은 핑크색인데, 히로시마의 것은 흰색이다. 그리고 지붕도 푸른색에서 녹색으로 변했고, 마당의 꽃도 활짝 피어 있으며, 뜰의 테이블과 세 개의 의자 옆에 있던 암녹색의 나무는 밝은 초록색으로 변하여 전체적으로 강한 명암의 콘트라스트가 부드러운 중간 색조로 변했다.

또 멀리 보이는 교회의 벽도 붉은색을 띠고 있었는데, 녹회색으로 변해 마치 낡은 교회가 새로 단장한 것 같은 느낌이다. 이렇듯 같은 제목으로 그린 그림이지만 두 작품이 표현하는 세계는 전혀 다르다. 한쪽은 거칠고 들뜬 듯한데, 한쪽은 차분하게 가라앉은 느낌으로 반 고흐의 심경 변화를 나타내는 것이라고 한다.

이 복제화는 한가한 느낌이 나는 화원을 반영하고 있다. 원화에서는

빈센트 반 고흐, 〈까마귀떼 나는 밀밭Wheat Field with Crows〉, 1890, 캔버스에 유채, 50.5×100.5cm, 반고흐미술관, 암스테르담

도비니 부인이 정원을 손질하고 있는데 비해, 복제화에서는 누군가를 기다리고 있는 것처럼 보인다. 세 개 의자의 주인공은 도비니 부인과 손님으로 올 고흐, 고갱의 것이라고 해석하고 있다.

타살 주장자들의 해석에 의하면 반 고흐는 존경하던 도비니 화가의 집을 방문하여 그의 부인에게 인사한 후 그 집의 정원의 그림을 그렸다. 그 후 〈까마귀떼 나는 밀밭〉을 완성하고 나서, 죽기 수일 전에 그렸다고 생각되는 복제화에서 고양이를 없앤 것은 고인을 체현體現한다는 의미에서 불길한 것으로 받아들여졌기 때문이다. 이것으로 보아도 반고흐의 생에 대한 집착을 엿볼 수 있다.

저자의 판단

이 주제의 그림에서 검은 고양이가 있는 그림을 먼저 그렸고, 고양이가 없는 그림을 후에 그렸다는 것에 대해서는 다른 주장이 없다. 그리고 나름대로 연관성이 있다고 본다.

그래서 그 연관성을 좀 더 확실히 알아보기 위해 고양이의 족적足跡을 살펴보기로 했다. 고양이가 있는 그림에는 고양이가 지나간 검은 녹색의 족적이 고양이와 연결돼 있다. 또 고양이가 없는 그림에서도 검은 녹색의 족적은 뚜렷하다. 두 그림 간의 족적을 비교할 때 고양이가 있는 그림에서는 그 족적이 비교적 길게 나타나 있어 고양이가 서서히 지나간 것으로 보인다. 그리고 족적이 우측으로 만곡彎曲되고 편재되어 있어 그 고양이는 좌측보다 우측 다리가 지면에 닿는 시간이 길고 또 강하게 닿은 것을 의미한다.

그러나 고양이가 없는 그림에서는 그 족적이 비교적 짧아 고양이가 급히 달린 것을 의미하고, 족적도 좌측으로 만곡되고 편재돼 있다. 따라서 고양이는 들어온 방향으로 되돌아가며 사라졌음을 의미한다.

바젤의 그림과 히로시마의 그림으로 볼 때 고양이는 들어온 방향으로 사라진 것을 의미한다. 도비니는 이미 고인이 된 사람이다. 흔히 영

빈센트 반 고흐, 〈비오는 오베르의 풍경Landscape at Auvers in the Rain〉, 1890, 캔버스에 유채,
50×100cm, 웨일즈국립박물관

혼이라는 존재는 하늘을 날아다니는 것으로 표현된다. 그렇다면 그 족
적은 살아있는 사람의 것을 의미한다.

검은 고양이가 누구를 상징하는지에 대해서는 해석을 달리하고 있는
데, 즉 타살 주장자는 검은 고양이는 고인이 된 도비니 화가를 표현한
것이라 해석하였다. 이에 자살 주장자는 검은 고양이는 도비니 화가가
아니라 반 고흐 자신이며, 평화로운 테오 가족의 짐이 되지 않기 위해

사라졌다는 것으로 해석하고 있다. 문제는 고양이가 과연 도비니 화가를 표현한 것인가, 아니면 반 고흐 자신을 표현한 것인가에 따라 그 주장은 바뀌게 될 것이다.

이에 답을 주는 그림을 발견하였는데, 반 고흐가 고독과 슬픔으로 실망과 절망 속을 헤매고 있을 무렵(1890년 7월)에 〈비오는 오베르의 풍경〉이라는 그림을 그렸는데 이 그림에도 검은 고양이가 등장한다. 비가 내리는 오베르 들판을 헤매는 검은 고양이는 분명 고흐 자신이며, 도비니 화가는 아니다. 반 고흐는 〈도비니의 정원〉을 그릴 무렵 자신을 검은 고양이로 표현한 다른 그림이 있는 것이다. 그렇다면 〈도비니의 정원〉의 검은 고양이는 분명 자신을 표현한 것이며, 결국 자신이 사라질 것이라는 유언으로 남긴 그림이라고 볼 수 있다. 따라서 반 고흐는 고갱이 뒤에서 조작한 꼬임에 빠져 모살된 것이 아니라, 스스로 자살했음이 그림으로 입증되는 것이다.

<반 고흐 추모 시>

상여 없이 까마귀와 부르는 밀밭의 輓歌^{만가}

柳浦^{유포} 문국진

그때 그날 밀밭 위를 뜨겁게
내리 쪼이던 햇볕은 여전하고

인적 끊긴 밀밭에는
오늘도 까마귀 떼 넘나들건만

혼자서 타고 태웠던 그 마음
방아쇠 당긴 수수께끼 되었으니

입 다문 사연 그림으로 남겼음에
사람 따라 꿈으로 보고, 타락으로 보니
입씨름 뜨거워 불씨 돼 번져만 가네

그림으로 남아 있던 까마귀 떼

귀 자르고 목숨 끊은 당신의 애달프고
가슴 아팠던 사연 전하겠다고

밀밭 찾은 손에게 상여 없어도
진실 담긴 밀밭의 만가 가락 있으니
같이 부르자 날갯짓함에

있는 힘 다해 부르나니
흰 구름 먹구름 바람 몰고 와
장단 맞추니 북소리 돼 울려퍼지는
밀밭의 만가에 시름 풀고 편히 쉬소
반 고흐요!

_오베르 쉬르 워즈 밀밭에서, 2002년 3월 23일

반 고흐의 사망진단서

네덜란드의 화가 빈센트 반 고흐는 작품과 인생이 깊게 연결된 전형적인 화가이다. 그는 처음부터 화가가 되려고 한 것은 아니었다. 그는 화방의 점원으로 시작하여 책방점원, 교사, 전도사 등의 직업을 전전하면서 사회의 냉혹하고 비정함을 모두 맛보았다. 그러고 나서 최후로 택한 것이 화가였다.

그는 이성을 알게 된 후에는 여성에게 헌신적인 사랑을 했으며, 사회의 저변에서 겨우 생을 유지하는 약자를 위해 종교적인 봉사를 하였고, 화가가 되고서는 새로운 예술의 진리를 추구하는 데 몸과 마음을 바쳤다. 그는 추한 것으로부터 미를 추구하기 위해 노력한 화가였다.

그러나 그는 자신과 접하는 다른 모든 사람과 사회로부터 인정받지 못하는 데서 비극은 시작되었다. 누구보다도 반 고흐는 이해를 필요로

했는데, 그의 진심은 받아들여지지 않았다. 좌절한 그는 새로운 사람과 환경을 찾아 새로운 인생과 작품을 시도하였다.

서른일곱 해를 살다 간 그의 병명은 아직도 세계 임상학술지에서는 논란거리가 되고 있다. 추정 진단만 해도 뇌전증(간질), 조울증, 압생트 중독, 메니에르 병 등 30가지가 넘는다. 가장 유력한 것은 측두엽 뇌전증이다.

그럼 측두엽 뇌전증이란 무엇일까? 측두엽 뇌전증은 뇌전증의 일종이며 의식의 상실이나 경련을 동반하지 않은 상태에서도 게슈빈트 증후군이라는 특색을 나타낸다. 즉 이 증후군은 종교성·도덕성에 집착하며, 성에 대한 극단적 태도와 문장을 쓰지 않고서는 견딜 수 없는 상태에 빠지게 된다.

반 고흐는 처음 런던의 하숙집 딸 외제니를 열렬히 사랑하였다. 하지만 그 사랑이 거부되자 전도사가 되어 벽촌 탄광촌으로 들어가 광부들과 함께 비참한 생활을 하면서 아픔을 달랬다. 두 번째 여인인 케이는 그의 백부의 딸이며, 남편과 사별하고 아이까지 있었다. 그녀에게 불같은 사랑을 느꼈지만, 받아들여지지 않자 호롱불로 자신의 몸에 불을 지르려고 했다. 세 번째 여인인 창녀 시앵과의 사랑 역시 물거품으로 끝나게 되자, 아무도 살지 않는 산간벽지로 홀로 들어가 자연과 대화하며 그림을 그리면서 스스로를 고통 속으로 밀어넣었다. 그럼으로써 아픈 마음을 달랬다. 네 번째 여인은 열 살이나 많은 마르호트라는 여인이었는데, 그녀와의 사랑은 양가 가족의 반대로 이뤄지지 않았다. 그의 여인에 대한 사랑은 무모했고 비극적인 실패로 끝났다.

그는 자신의 진심을 이해받지 못할 때는 상대를 공격하는 것이 아니라, 오히려 자신의 몸에 해를 가하는 자학성이 있었다. 그의 최후는 오베르 쉬르 워즈에서 자신의 가슴에 총을 쏘아 생을 마감했다. 이에 대해서는 타살설, 자살설, 사고사설 등 그가 사망한 지 100여 년이 지났는데도 그 의문은 풀리지 않고 있다.

법의학을 전공하다 보니 많은 자살자를 만나게 되었다. 자살자가 자살이라는 행위를 실행하게 된 사연을 통해 알게 된 사실은 자신의 상황을 피하기 위해 택한 죽음이었다는 것이다.

자살이란 여러 가지의 선택지選擇枝 중에서 물건을 고르듯이 선택한 것이 아니다. 설사 마음의 병을 안고 있는 사람이 사고력이나 판단력이 제대로 작동되지 않은 상황에서 자살 이외에는 다른 선택이 없는 시점에까지 이르면 감수성이 예민해져 죽음을 선택하게 되는 것이다.

자살이란 본인이 선택한 행위이지만, 그 결과는 결코 본인 혼자만의 문제가 아니다. 가족, 친구 그리고 주변 사람에게도 많은 영향을 미친다. 그래서 자살은 심각한 사회문제가 되는 것이다. 하지만 반 고흐의 죽음에 대해 납득이 가는 설명을 해주는 책은 없으며, 특히 법의학자가 그의 죽음을 분석한 글은 아직 없다.

그의 그림을 감상하고 전기를 읽다가 이런 사실을 알게 된 필자는 그의 죽음을 분석해보고 싶은 충동을 느꼈다. 그래서 그가 남긴 800여 통의 편지와 600여 점의 작품을 통해 그의 진심을 암시하는 요소들을 찾아낸다면, 그의 자살의 진실을 밝히는 데 도움이 될 것이라고 생각했다. 또한 그는 자살에 대한 전형적인 위험인자를 모두 내포하고 있어, 자살학의 교본이 될 수도 있을 것이라고 생각되었다.

반 고흐가 가지고 있던
자살의 위험인자

정신 장애

반 고흐는 뇌전증의 유전적 가계에서 태어났으며, 그 역시도 측두엽 뇌전증의 증상으로 입원 치료를 받은 병력이 있다. 그리고 알코올 의존증(압생트 중독증)도 있다.

성격

근면하고 성실하며 일에 몰두하는 편이었다. 내성적인 반면, 난폭함이 번갈아 나타났다. 때로는 자학적이며, 때로는 자신도 걷잡을 수 없는 성격의 소유자였다.

고독과 절망감

"슬픔은 영원히 계속된다(반 고흐가 마지막 남긴 말)."

상실감

어려서는 어머니의 사랑에 대한 상실감(죽은 형에게 빼앗겼다는 생각), 고 갱과의 화가 공동체에 대한 꿈의 상실 그리고 형제 간의 사랑에 대한 상 실감(동생 테오의 결혼과 득남)이 있다. 가장 중요한 상실감으로서는 네 번의 실연이다. 솔직히 어떤 여성과 사랑에 성공하였다면 반 고흐는 결 코 자신의 몸에 총을 겨누지 않았을 것이다.

특히 자살하기 12일 전에 반 고흐와 닥터 가셰(오베르 쉬르 워즈에서의 주치의)는 언쟁이 있었다. 반 고흐가 가셰의 딸 초상화를 그리면서 그녀 에게 가까워지려 하자, 그것을 차단하기 위해 닥터 가셰는 입에 담지 못 할 막말로 욕설을 퍼부었다. 이에 분을 참지 못한 반 고흐는 자살하게 되었다고 생각하는 사람도 있다. 또 반 고흐의 총창을 그대로 치료할 것 이 아니라, 외과의사에게 보내 수술을 받게 하였다면 충분히 살릴 수 있 었다. 하지만 이를 하지 않았던 주치의 가셰는 비난을 면할 수 없었다.

사용된 흉기의 추정

반 고흐가 자살에 사용했던 권총은 유력한 증언에 의하면 당시 반 고흐 가 하숙하고 있던 라부 카페에서 와인공장의 사은품으로 증정한 38구 경의 프랑스 루포슈사의 제품을 복제한 벨기에산 싸구려(당시가 15~25 프랑) 제품으로 당시 까마귀떼를 쫓는 데 사용하라는 목적으로 증정한 성능이 좋지 않은 것이었다. 때문에 이 권총을 몸에 대고 쏴도 관통할 정도는 되지 못하고, 복강 내에 총알이 남을 정도로 성능이 낮은 권총이었다고 한다(미용사의 증언에 의함).

반 고흐의
사인에 대하여

반 고흐의 사인에 대해서 기술한 문헌은 아직 찾아보지 못했다. 복부의 총창이 선행사인先行死因으로 작용하였지만, 큰 혈관이나 중요 장기는 다치지 않았기 때문에 이틀이나 살 수 있었다. 사망 전에 반 고흐는 "배가 답답하니 누가 배를 좀 열어주었으면 좋겠다"라고 소리쳤다는 점과 부상 직후에는 별 증상을 보이지 않았다가 시간이 경과됨에 따라 점점 열이 나고 답답해했다는 점 등을 종합해볼 때 탄환이 장에 박혔거나 맹관盲管되었을 것으로 생각된다.

또 총창의 사입구射入口의 위치와 방향으로 보아 좌측 횡행결장橫行結腸 또는 하행결장下行結腸의 상부 손상으로 장 내용물이 복강으로 유출되어 복막염을 일으킨 것으로 보인다.

반 고흐는 사망한 그날 바로 입관하였는데, 관의 나무 틈 사이로 냄새 나는 유출물이 흘러나왔다고 한다. 또 부패 냄새가 방 안을 진동하였으며, 묘지에 도착하여 관을 내려 운구하려 할 때 악취 나는 액체가 많이 흘러나왔다고 한다. 이러한 사실로 보아 빠른 속도로 부패가 진행된 것은 복강 내에 장 내용물이 유출되어 장내 세균의 빠른 번식으로 야기된 사후현상으로 볼 수 있다. 즉 복막염이라는 추측을 뒷받침한다. 따라서 반 고흐의 직접 사인은 급성범발성복막염急性汎發性腹膜炎으로 결론지을 수 있다.

참고 삼아 한국 양식에 입각한 반 고흐의 사망진단서를 첨부한다.

〈반 고흐의 사망진단서〉

사 망 진 단 서 (시체 검안서)

1	성 명	빈센트 빌렘 반 고흐	2	ⓐ 여	3	주민등록번호	
4	실제생년월일	1853년 3월 30일	5	직 업	화가		
6	본 적	네덜란드국 그루스 준데르트					
7	주 소	프랑스국 오베르 쉬르 우아즈 라부 여인숙					
8	발 병 일 시	1890년 7월 27일 19시경 분(24시각제에 의함)					
9	사 망 일 시	1890년 7월 29일 01시 30분(24시각제에 의함)					

10	사 망 장 소	주 소	프랑스국 오베르 쉬르 우아즈 라부 여인숙
		장 소	① 주택 내 ② 의료기관 ③ 시설기관(양로원, 고아원등) ④ D.O.A ⑤ 산업장 ⑥공로(도로, 차도) ⑦ 기타(구체적으로 기술)

11	사망의 종류	① 병사 ② 외인사 ㉮ 교통사고 ㉯ 불의의 중독 ㉰ 불의의 추락
		③ 기타 및 불상 ㉱ 불의의 익사 ㉲자살 ㉳ 타살 ㉴ 기타 사고사

12	사망의 원인 ※(나)(다)(라)에는 (가)와 직접 의학적 인과관계가 명확한 것만을 기입한다.	(가)	직접 사인	급성 범발성 복막염	발병부터 사망까지의 기간
		(나)	(가)의 원인 (중간선행사인)		
		(다)	(나)의 원인 (선행사인)	복부 맹관 총창	
		(라)	(다)의 원인 (선행사인)	자기에 의한 총기 발사	
		(가) 내지 (라)와 관계없는 기타의 신체 상황			
		수술의 주요 소견		수술연월일	년 월 일
		해부의 주요 소견			

13	외인사의 추가사항	사고발생시	년 월 일 시 분(24시각제에 의함)
		사고 종류	① 교통사고 ② 불의의 중독 ③ 불의의 추락 ④ 불의의 익사 ⑤자살 (방법 기술) 총기 발사에 의함 ⑥ 타살 ⑦ 기타(구체적으로 기술)
		사고발생 장소 상황	주 소	프랑스국 오베르 쉬르 우아즈 성벽 근처
			장 소	① 주택내 ② 공공건물 ③ 산업장 ④공로(도로, 차로) ⑤ 휴양지 ⑥시설기관(양로원, 고아원 등) ⑦기타 (구체적으로 기술) 성벽 근처의 밀밭 ⑧ 잘 모름
			상 황	가. 근무중 나. 근무 이외의 시간

위와 같이 진단(검안)함.

2003년 7월 27일

의료기관 주소
　　명칭　고려대학교 법의학 연구소
○ 진찰(검안)의사
면허 번호 제 2427 호
성　　명　문국진 (서명 또는 인)

그림이 알려주는
클레오파트라 죽음의 진실

클레오파트라는 이집트의 여왕으로서 뿐만이 아니라 로마의 세기적인
통치자 두 사람을 차례로 자신의 뜻대로 움직인 것으로 유명하다. 그
배경에 대해서는 그녀의 미모와 육체적인 매력도 있겠지만, 그를 능가
하는 무엇인가 작용한 것이 분명하다. 그래서 여러 화가가 클레오파트
라의 아름다움을 그림으로 표현하였다. 그런 작품들 중 영국의 화가 워
터하우스John William Waterhouse, 1849~1917의 〈클레오파트라Cleopatra〉(1888)라
는 작품이 그녀의 미를 가장 잘 표현하였다는 평이다.

그러나 그렇게 아름답고 기지에 넘치던 여왕의 사인에 대해서는 모
든 사람이 궁금증을 갖고 있다. 그녀가 자살한 것은 분명하지만, 그 방
법에 대해서는 다양한 의견으로 나뉜다. 따라서 그녀의 사인과 사망 방
법 등에 대해서 증거로 가치 있다고 생각되는 문예작품과 이에 대한 역

존 윌리엄 워터하우스John William Waterhouse, 〈클레오파트라Cleopatra〉, 1888, 캔버스에 오일, 개인 소장

사적 논평을 근거로 법의학적으로 재조명해보기로 한다.

클레오파트라는 아름다움을 유지하는 것은 자신의 생명과도 같이 여겼다. 따라서 언제나 새로운 감각의 미를 추구하던 그녀는 영원히 잠든 후에도 아름다움을 유지하기를 원했다.

그래서인지 그녀는 고통 없이 죽는 비법을 알아내기 위해 백방으로 노력하고, 직접 인체실험까지 하였다. 즉 사형수를 처형할 때 나일 강변에 모아 놓고 자신의 주치의로 하여금 죄인에게 독약을 먹게 하였다. 그리고 어떤 독약이 고통 없이 죽을 수 있는가를 관찰하였다. 사형수들에게는 고통 없이 처형하기 위한 여왕의 뜻이라고 자화자찬하였다. 이러한 장면을 그림으로 표현한 것은 화가 카바넬Alexandre Cabanel, 1823~1889의 〈사형수들에게 독약을 먹이는 클레오파트라〉(1887)라는 작품이 있다. 여왕은 사형수들이 독약을 마시고 죽어가는 모습을 편안히 누워 바라보고 있다.

클레오파트라는 동물과 식물의 독액毒液에 대해서도 연구하였다. 그리고 자신의 눈앞에서 여러 가지 동물에 독액을 투여한 후 나타나는 증상과 죽어가는 모습을 자세하게 살펴보았다. 이렇게 독에 대한 풍부한 지식을 지니고 있던 그녀가 생각한 죽음은 과연 어떤 것이었을까? 고통으로 인해 추한 모습으로 죽고 싶지 않았던 그녀가 자살로 선택한 방법은 어떤 것이었을까?

희랍의 전기 작가 플루타르코스Plutarque, 46~125는 클레오파트라의 죽음

알렉상드르 카바넬Alexandre Cabanel, 〈사형수들에게 독약을 먹이는 클레오파트라Cleopatra Testing Poisons of Condemned Prisoners〉, 1887, 캔버스에 유채, 왕립미술관, 앤트워프, 벨기에

에 대하여 다음과 같은 글을 남겼다. 로마군에 패배한 클레오파트라는 미리 만들어놓았던 자신의 무덤으로 피신했는데, 한 사람의 농부가 과일 광주리를 들고 나타났다. 문지기가 그것이 무엇인지 묻자 농부는 광주리를 열어 무화과가 가득 들어 있는 것을 보여주었다. 그리고 무화과 한 개를 먹어보라고 주자, 문지기들은 그 농부를 통과시켰다. 그 농부는 무화과 광주리 밑에 뱀을 숨겨 들여와 여왕에게 전했고, 클레오파트라는 이 뱀의 독을 이용해서 자살했다는 것이다.

이 이야기가 근거가 되어 작가와 역사가들은 클레오파트라가 독사를 이용해 자살했음을 전했다. 화가들도 이를 이용해 뱀을 이용해서 자살하는 장면의 그림을 그렸다. 그 중 이탈리아의 화가 귀도 레니가 그린 〈클레오파트라의 자살〉(1635)에서는 독사에 의해 자살했음을 표현하고 있다.

클레오파트라의 죽음이 과연 고대 사람들이 믿고 있었던 것과 같이 독사에 물리거나, 독사의 독액을 묻힌 핀으로 찔러서 죽은 것인지, 아니면 단순한 우화에 불과한 것인지에 대해서는 의견이 분분하다. 클레오파트라가 독사의 독성이 신속하고 확실하다는 것을 알고 있었기 때문에 틀림없이 독사를 택했을 것이라는 추측은 가능하다.

그러나 클레오파트라가 사망한 현장에는 여왕과 그녀의 몸종인 이라스와 샤르미온이 같이 죽어 있었는데, 그렇다면 이 몸종들도 여왕이 물린 독사와 같은 독사에 물려 죽은 것이 되는데, 그것은 불가능하다는 것이다.

귀도 레니, 〈클레오파트라의 자살Cleopatra with the Asp〉, 1640년경, 캔버스에 유채, 110×94cm, 로열콜렉션, 윈저 성

로마의 철학자 세네카Lucius Annaeus Seneca에 의하면 독사는 처음 화를 내며 발작했을 때가 가장 독성이 강하고 위험하다. 또 한 번 물고 나면 독액의 독성은 감소한다. 이러한 세네카의 주장은 지금의 학자들에 의해서 지지받고 있다. 즉 이집트에 많이 서식하는 방울뱀의 경우 독액은 한 번 무는 것으로 거의 소모되고, 두 번째 무는 경우는 독성이 거의 없어진다. 그리고 세 번째에는 무독한 상태로 된다. 독액이 분비되어 고일 때까지는 시간이 필요하다. 그래서 머리장식에 간직했던 뱀 독액을 묻힌 핀을 사용하여 찔렀다는 것에 수긍이 간다. 로마군이 현장에 도착하여 클레오파트라의 죽음을 확인한 후 병사들로 하여금 방 안을 샅샅이 뒤지게 하였으나 뱀은 찾을 수 없었다. 또 여왕이 핀 같은 것을 갖고 있지도 않았다고 한다. 이러한 상황을 화가 페라리Luca Ferrari, 1605~1654는 〈클레오파트라의 죽음〉(17세기)이라는 작품으로 잘 표현하고 있다.

뱀의 독은 뱀의 종류에 따라 신경독을 지닌 것과 혈액독을 지닌 것으로 나누게 된다. 혈액독은 몸 안의 혈관 내피세포나 조직세포의 효소를 파괴하고 혈액을 용혈溶血하게 만든다. 또 신경독인 경우에는 신경의 기능장애로 그 말단이 분포되는 근막筋膜이나 골막骨膜에는 통증을 유발하고, 근육의 긴축緊縮으로 경련을 일으켜 몸이 뒤틀리게 된다. 뱀독에 의한 몸의 경련은 신경분포 및 동통疼痛과 관련이 있다.

뱀독이 몸에 경련을 일으킨다는 것은 잘 알려진 사실로, 그 양상이 잘 표현된 조각 작품들이 있다. 하게산드로스Hagesandros, 아테노도로스Athenodoros, 폴리도로스Polydoros 등 세 조각가에 의해서 기원전 150년 전

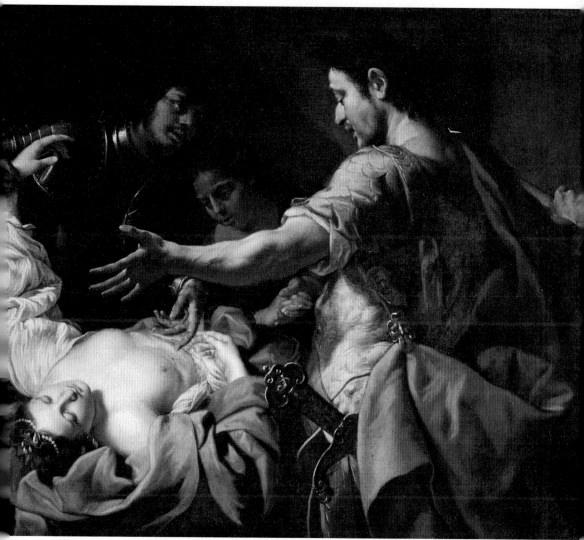

루카 페라리Luca Ferrari, 〈클레오파트라의 죽음Nero before the Body of Agrippina the Younger〉, 캔버스에 유채,
145×170cm, 에스테이트갤러리

하게산드로스Hagesandros, 아테노도로스Athenedoros, 폴리도로스Polydoros, 〈라오콘과 군상Laocoon and His Sons〉, 높이 2.4m, 기원전 1세기 초, 바티칸 박물관

에 제작된 〈라오콘과 군상〉이라는 작품과 조각가 오귀스트 클레싱거 Auguste Jean-Baptiste Clesinger, 1814~1883에 의한 〈뱀에게 물린 여자〉(1847)라는 작품 등을 들 수 있다. 즉 이 두 조각 작품에서 공통적으로 볼 수 있는 것은 무섭게 뒤틀린 하체와 강한 강직성 경련으로 고통을 당하는 모습 을 얼굴과 몸 전체에서 볼 수 있다.

뱀의 독이 사람 몸에 들어오면 어떤 변화와 고통이 일어난다는 것을

오귀스트 클레싱거Augeste Jean-Baptiste Clesinger, 〈뱀에게 물린 여자Femme piquee par un serpent〉, 1847, 대리석, 오르세미술관

잘 알고 있었던 것으로 추정되는 클레오파트라가 자신의 죽음에 뱀독을 이용했다는 것은 좀처럼 믿어지지 않는다.

나토 의과대학의 비오 그란 마레 박사는 독사설이나 핀에 의한 독액설을 부정하였다. 또 여왕의 명에 의해 방문을 꼭 잠갔다는 사실을 통해 볼 때 클레오파트라는 탄炭이 연소될 때 발생되는 유독가스의 효능을 알고 있었을 것이다. 그리고 안토니우스의 장례를 구실로 탄과 이를 태울 도구를 쉽게 방에 들여올 수 있었을 것이다. 특히 사망 상황을 묘사한 글에서 여왕은 침대 위에, 한 몸종은 발밑에 그리고 또 다른 몸종

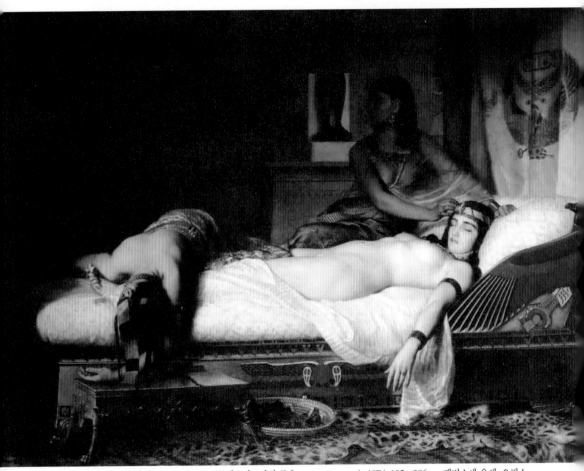

장 안드레 릭싱Jean Andre Rixens, 〈클레오파트라의 죽음Death of Cleopatra〉, 1874, 195×286cm, 캔버스에 유채, 오귀스트박물관

은 방문을 향해 쓰러져 죽어 있었다는 것으로 보아 일산화탄소 중독을 연상하게 한다. 이러한 상황의 장면은 프랑스의 화가 릭싱Jean Andre Rixens, 1846~1924의 〈클레오파트라의 죽음〉(1874)이라는 작품에 마레 박사의 설명이 실감나게 표현되고 있다.

이 작품과 마레 박사의 의견은 법의학적으로도 수긍이 간다. 여러 명의 사람이 일산화탄소 중독으로 사망하는 경우 그대로 누워 있는 사람도 있지만, 무의식중에 살기 위해 문 쪽을 향해 기어가다 죽어가는 사람도 있다. 이렇게 사망자가 여러 방향의 체위를 취하고 죽는 것이 집단으로 연탄가스에 중독사했을 때 보이는 특이한 현상인데, 이러한 특징적인 상황이 화가 릭싱의 그림에 잘 표현되어 있다.

따라서 클레오파트라와 두 몸종의 동시 죽음을 보았을 때 일산화탄소를 이용하였을 가능성이 더 크다고 보는 것이 타당할 것이다.

생존 시 여왕은 향료를 매일같이 사용하여 머리 위에서 발끝까지 향기가 풍기는 향의 애호가로, 평생을 향기 속에 살아왔다. 그러나 그녀는 최후에 이르러 어떤 냄새도 나지 않는 무취無臭의 일산화탄소를 맡으며 그 속으로 사라졌다.

콜레라인가, 강요된 자살인가
차이콥스키 죽음의 진실

러시아의 음악가 차이콥스키$^{\text{Peter Ilyich Tchaikovsky, 1840~1893}}$는 광산기술자인 아버지와 프랑스 이민 3세인 어머니 사이의 부유한 가정에 태어났다. 그는 어려서부터 재능이 남달라 어학에 뛰어난 소질이 있어서 여섯 살에 프랑스어와 독일어를 구사했으며, 일곱 살에 프랑스어로 시를 쓸 정도로 총명하였다. 그래서 여섯 명의 형제자매들 중 어머니의 사랑을 독차지했다.

　그의 음악적 재능은 어머니에게서 물려받은 것으로 전해지는데, 어머니는 음악에 대해서 예민하고 섬세한 귀를 지닌 차이콥스키에게 직접 피아노를 가르쳤다. 차이콥스키가 일곱 살에 프랑스어로 시를 쓰고 어머니로부터 피아노를 배웠다는 사실로 보아 다른 형제들보다 어머니에게 남다른 관심과 사랑을 받은 것으로 보인다. 차이콥스키는 내성

차이콥스키

적이면서도 섬세하고, 예민하며, 선입견이 강해 타협을 모르는 성격의 소유자였다.

　차이콥스키는 열 살 때 상트페테르부르크의 법률학교 예과에 입학하여 기숙사에 들어가게 되었는데, 그는 어머니와 떨어지는 것이 싫어 기숙사에 들어가지 않으려 했다. 어머니가 그를 달랜 후 돌아가려 하자, 어머니를 가지 못하게 하기 위해 어머니가 타고 가던 마차에 뛰어들어 사람들을 놀라게 할 정도로 어머니를 끔찍이 좋아하였다.

　그가 열네 살 때 그의 어머니는 콜레라로 사망하는 불행이 닥쳤다. 차이콥스키는 슬픔으로 침식을 거부하며, 어머니가 가르쳐주었던 피아노 곡을 연주하며 아픈 마음을 달랬다. 이를 보다 못한 아버지는 그가 법학공부를 포기하고 피아니스트가 되려는 줄 알고 독일인 피아노 선생

루돌프에게 사사받게 하였다.

어린 시절 어머니에 대한 기억은 영원한 충격이 되어 그의 일생을 지배하였으며, 결국 어떠한 여성도 거부하게 되었다. 그 결과 그는 자신도 모르게 동성애자가 되어갔다.

그런데 1868년 차이콥스키가 모스크바 음악원의 교수로 있을 때 자신보다도 열 살이나 어린 음악원의 제자 안토니나 밀류코바Antonina Miliukova가 목숨을 걸고 구혼을 해옴으로써 하는 수 없이 결혼하게 되었다. 하지만 결혼 후 극심한 우울증 때문에 술과 담배에 집착하게 되었고, 결혼생활에 비관하여 모스크바 강에 몸을 던져 자살을 시도하였다. 결국 그는 9개월 만에 결혼생활은 종지부를 찍게 되었다.

차이콥스키의 여인과의 관계에서 나데츠다 폰 메크Nadezhda von Meck 부인을 빼놓을 수가 없다. 러시아 철도의 소유자였던 부호 폰 메크의 미망인 나데츠다 부인은 차이콥스키 음악을 매우 좋아했다. 남편의 사망으로 많은 재산을 물려받은 부인은 여덟 명 아이의 어머니로서 차이콥스키보다 아홉 살이나 위였다. 처음에는 작곡을 의뢰하는 사이였으나, 이후 후원자로 나서게 되었다.

그러나 후원의 조건은 절대 만나지 않는다는 것이었다. 즉 1876년부터 1890년에 이르기까지 14년 동안 막대한 후원금을 차이콥스키에게 주면서도 두 사람은 절대로 만나지 않았다. 그리고 단지 서신으로만 왕래하였는데, 그 편지의 수가 무려 1,100통을 넘는다.

이러한 두 사람의 관계를 음악평론가들 사이에서는 순수 음악애호가였기 때문에 가능했다는 의견과 이상성욕자였던 전 남편 때문에 폰 메크 부인은 극심한 고통을 받아 남성에 대한 혐오증이 있었다는 설이 있다. 즉 동성애자와 이상성욕자 아내의 만남이었기 때문에 이성으로의 관계는 거절하고 음악적으로 인간관계를 유지할 수 있었다.

그 덕분에 그는 음악가로서 큰 어려움 없이 오로지 작곡에만 전념할 수 있었다. 또한 외국에서의 작곡 발표, 연주회 지휘 등으로 국제적 명성을 얻어 성공할 수 있었던 뒤에는 폰 메크 부인의 후원이 크게 기여하였던 것이다.

차이콥스키의 죽음에 대한 의문

차이콥스키의 사인에 대해서 여러 의견이 분분하다. 그가 콜레라로 사망하였다고 러시아 정부는 공식적으로 발표하였다. 즉 차이콥스키는 그의 마지막 작품이 된 〈비창〉의 초연을 지휘하고 나서 9일째 되는 날인 1893년 11월 6일에 사망하였다.

사인이 된 콜레라에 감염된 것은 11월 1일로서, 상트페테르부르크의 호텔에서 끓이지 않은 물을 그대로 마신 것이 원인이었다고 한다. 사람들은 1세기 동안 그것을 사실로 받아들였지만, 일각에서는 조심스럽게 자살설이 제기되었다. 자살을 주장하는 사람들은 차이콥스키가 정성을 다하여 작곡했다고 자랑하는 〈비창〉에 대한 일반의 반응이 그리 시원치 않은 것에 참담함을 느껴 자살했다는 것이다.

그러나 그의 사인에 대해 일종의 강요된 자살이라는 설이 제기되었다. 차이콥스키 박물관의 기록 보관소에 근무하던 알렉산드라 오로로와라는 여직원의 증언에 의해 제기되었다. 그녀는 1940년 차이콥스키 탄생 100주년을 맞이하여 기념행사를 준비하다가 한 통의 편지를 발견하였다. 주치의가 차이콥스키의 동생에게 보내는 편지였는데, 그 내용이 매우 세밀하였다. 이와 더불어 또 하나 의심되는 점은 콜레라는 전염병인데 기록에 의하면 차이콥스키는 격리되지도 않았고 면회도 자유로웠다.

그래서 오로로와 여사는 백방으로 수소문해서 이에 대해 알아봤는데, 차이콥스키는 그 당시 권세가였던 스텐보크 훼르모 공작의 조카와 동성애 관계에 있었다는 것이다. 이들의 관계를 알게 된 공작은 황제에게 차이콥스키를 처벌해줄 것을 요청했고, 황제는 당시 검찰 부총장이던 니콜라이 보리소비치 야코비에게 그의 처벌을 명령하였다는 것이다. 그 당시 사회에서 동성애는 신에 대한 모독이며, 최대의 파렴치범으로 여겨져 극형에 처하거나 시베리아로 유배를 보냈다.

야코비 부총장은 차이콥스키와는 법률학교 동기생이었기 때문에 그 당시 모스크바에 있던 동기생(대법관, 판사, 변호사 등)들이 모여 상의한 끝에 불명예스러운 사형이나 시베리아 유형보다는 명예재판을 열어 그가 수용한다면 비밀리에 사약을 내리기로 한다. 차이콥스키는 이러한 제안에 응했고, 순순히 사약을 받았다.

그런데 차이콥스키가 입원 당시의 차트를 보면 콜레라의 중요한 증상 중 하나인 쌀뜨물 같은 설사를 했다는 기록이 남아 있다. 이 기록을 통해 필자는 오르로와 여사의 수기를 믿지 않았다.

하지만 그가 사망한 후에 조문객들이 줄을 지었는데, 조문객들은 그의 손이나 이마에 입맞춤하였다는 신문보도가 있었다. 이를 보면 그의 사망이 콜레라가 아니라는 유력한 증거가 되는 것이다.

그렇다면 명예재판 후에 사약설이 맞는데 과연 독극물 중에서 복용하면 쌀뜨물 같은 설사를 하는 증상을 보이는 독물이 있는지이다. 법의학적 기록에는 극량에 달하는 비소를 복용하는 경우 콜레라와 같은 증상을 보인다고 한다. 그렇다면 러시아 정부가 차이콥스키의 사인을 발표하기에 앞서 상당한 검토와 연구가 있었던 것으로 생각된다. 즉 콜레라로 발표해도 될 만한 증거를 구비한 후 사약을 내린 것이라는 결론을 얻을 수 있다.

조세핀의 제비꽃 향과
나폴레옹의 운명

고대 아테네인들은 제비꽃Manchurian violet 향기에 취한 나머지 그것을 아테네를 대표하는 꽃이자 상징으로 삼았다. 우리나라에도 여러 종의 제비꽃이 있어 다양한 빛깔의 꽃이 핀다. 남쪽에서 제비가 돌아올 때쯤 꽃이 피고, 그 모양이 제비와 비슷하다 해서 '제비꽃'이라는 이름이 붙었다. 삼색제비꽃 중 가장 널리 알려진 변종으로 '팬지'가 있다.

제비꽃에서는 벨벳을 레몬과 설탕에 담근 후 태울 때에 나는 냄새가 난다. 꽃은 끊임없이 향기를 뿜어내지만, 후각을 마비시키는 이오논Ionone이 들어 있어 그 냄새를 맡다가 잠시 그 향기를 잃어버리곤 한다. 그러나 1, 2분 뒤 향기는 다시 진동한다. 그러다가 다시 향기가 희미해지는 것이 제비꽃 향기의 특징이다.

나폴레옹 황제의 황후 조세핀Joséphine de Beauharnais, 1763~1814처럼 관능

성이 강한 여인은 제비꽃 향을 좋아해 그 꽃을 자신의 트레이드마크로 삼았다. 한순간 봇물 터지듯 향기를 퍼뜨리다가 어느 순간에는 코를 백지 상태로 만들어 마치 후각을 유린하듯이 사람마저 희롱하는 향기에 매혹되어서일 것이다. 나타났다 사라지고, 사라졌다 나타나는 향기는 우리의 감각과 숨바꼭질한다. 그야말로 그 향기는 순간의 애원처럼 느껴진다.

나폴레옹이 조세핀에게 보낸 편지에 유명한 구절이 있다. "당신의 체취를 맡고 싶으니 다시 만날 때까지 2주일간 목욕하지 말라." 나폴레옹과 조세핀은 제비꽃을 아주 좋아해서, 조세핀은 제비꽃향이 나는 향수를 자주 뿌렸고, 이것이 그녀의 트레이드마크가 되었다.

1814년 조세핀이 죽었을 때, 나폴레옹은 그녀의 무덤가에 제비꽃을 심었다. 그리고 세인트헬레나로 유배를 떠나기 전, 조세핀의 무덤에 찾아가 제비꽃을 따서 로켓에 넣은 다음 죽을 때까지 그것을 목에 걸고 다녔다고 한다.

냄새는 모든 감각 가운데 가장 직접적이다. 제비꽃에 코를 가져다 대고 냄새를 맡으면, 냄새 분자는 비중격鼻中隔 뒤에 자리 잡은 비강 속으로 흘러 들어가 그곳 점막에 흡수된다. 그리고 비강 점막에는 섬모纖毛라는 미세한 털이 달린 후세포嗅細胞로 이루어져 있다.

그 속에서 우리는 냄새를 느끼고, 욕망하고, 창조한다. 다른 감각과 달리 냄새는 해설자를 필요로 하지 않는다. 냄새의 효과는 즉각적이며, 언어나 사고에 의해 희석되지 않는다. 냄새는 강렬한 이미지와 감정을 자극하기 때문에 압도적인 향수鄕愁를 불러일으킨다. 보는 것과 듣는 것은 단기적인 기억으로 금세 사라지지만, 냄새는 단기적이지 않고 오래 지속된다.

조세핀과 나폴레옹이 제비꽃과 그 향기를 좋아했던 것은 그들의 운명과 관계가 있다는 것을 표현한 거장들의 그림이 있다.

프랑스의 화가 자크 루이 다비드Jacques Louis David, 1748~1826의 작품 〈나폴레옹 1세의 대관식〉(1806~1807)은 프랑스 혁명 후 나폴레옹의 황제 등극을 그린 것으로 가로 10m 화면 크기로 관객을 압도한다. 그리고 완벽하리 만큼 짜임새 있는 구성과 섬세한 빛의 효과 그리고 극적인 긴장감 등을 갖추고 있어 다시 한 번 압도한다.

대관식은 1804년 12월 2일에 거행되었는데, 왕관의 제관은 교황 비오 7세가 하기로 되어 있었다. 한동안 교황청과 사이가 좋지 않았던 나폴레옹이 대관식의 주제를 의뢰하자 화해의 제안으로 받아들여 흔쾌히 승낙하였다. 그러나 막상 대관식 날 교황이 관을 씌우려 하자 나폴레옹은 관을 받아들고는 돌아서서 자신이 직접 머리에 월계관을 썼다. 그리고 조세핀의 머리 위에 자신이 직접 황후의 관을 씌워주어 교황을 완전히 허수아비로 만들어버렸다.

화가는 이 순간을 포착하여 그야말로 전력을 다해서 가로 10m나 되는 커다란 그림을 그렸으며, 대관식에 참석한 사람이 누구인지 알 수 있을 정도로 뚜렷이 그렸다. 하지만 결국 황후의 대관식이 되고 말았다.

자크 루이 다비드Jacques Louis David, 〈나폴레옹 1세의 대관식Le Sacre de Napoléon〉, 1805~1807, 캔버스에 유채,
979×621cm, 루브르박물관

여기서 주목해야 할 점은 조세핀이 예복을 입고 황후의 관을 받기 위해 나아가는 장면이다. 황후의 긴 예복을 시녀 두 사람이 함께 들고 있는데, 안쪽 흰 바탕에 제비꽃잎 문양이 박혀 있음을 볼 수 있다. 이러한 제비꽃잎 문양은 조세핀의 옷에서만 보이는 것이 아니라 나폴레옹의 옷에서 볼 수 있다.

프랑스의 화가 장 오귀스트 도미니크 앵그르Jean Auguste Dominique Ingres, 1780~1867의 작품 〈권좌의 나폴레옹〉(1806)를 보면 황제가 되어 권자에 앉은 나폴레옹을 마치 신화에 나오는 신처럼 신격화하여 그렸다. 황제의 뒷면에는 무지개 모양의 황금 테가 있고 권좌의 팔걸이 앞부분에는 독수리 문양을 넣어 권위를 높이고 있다. 그리고 황제가 입고 있는 옷의 안쪽에 노출된 부분과 가슴에서 목 부위까지 흰색 부분에는 역시 제비꽃잎 문양이 보인다. 이것 역시 조세핀의 지시에 의한 것인지, 아니면 화가가 임의로 그린 것인지는 알 수 없어도 제비꽃잎 문양은 황제와 황후를 따라 다니며 그들과 운명을 같이 한다.

나폴레옹 죽음의 현장에서 발견된 제비꽃 문양을 살펴보자. 1821년 5월 나폴레옹이 쉰한 살의 나이로 숨을 거두면서 죽음의 원인에 대한 논란이 계속돼왔다. 과연 그의 사망진단서대로 암이었는지, 부검에 입회했던 의사들 가운데 의사 한 명은 동의하지 않고 간염이었다고 주장했다. 다른 전문가들 사이에서도 그의 사인이 매독, 폐결핵, 또는 말라리아라는 등 추측이 엇갈렸다. 심지어 몇몇 사람들에게서는 그가 독살당했다는 주장도 나왔다.

장 오귀스트 도미니크 앵그르Jean Auguste Dominique Ingres(1780~1867), 〈권좌의 나폴레옹 Napoleon on his Imperial throne〉, 1806, 캔버스에 유채, 259×162cm, 파리군사박물관

세인트헬레나의 나폴레옹 방에 있던 노란색
바탕의 제비꽃무늬 벽지

　그런데 나폴레옹이 사망한 후 160년이 지난 1982년, 그가 독극물에
의해 사망하였다는 주장이 나왔다. 영국의 한 저명한 화학자는 그 이유
가 적들에 의해서가 아니라 환경에 의한 것이었다는 증거를 밝혀냈다.
1815년 나폴레옹을 유배시킨 세인트헬레나에 있는 나폴레옹이 거주하
던 방의 벽지가 그 원인이었다는 것이다. 노란 색깔의 벽지는 섬의 눅
눅한 습기에 의해 화학반응을 일으켜서 맹독성의 비소를 끊임없이 내
뿜게 되었다는 것이다. 따라서 오랜 세월 동안 나폴레옹은 비소에 중독
되어 사망하게 된 것이다.

　이에 앞서 1961년에는 스웨덴의 의사 스텐 포슈푸드가 나폴레옹은
비소 중독으로 사망했다는 검사 결과를 발표하여 사학자들을 놀라게
했다. 포슈푸드는 나폴레옹의 머리카락 한 줌(그를 부검하던 날 자른 것이
라고 믿어져 왔다)을 분석한 결과 그 머리카락에 비소가 농축되어 있는

것을 밝혀내고, 이 같은 결론을 내렸던 것이다.

나폴레옹의 세인트헬레나 생활은 처음에는 속박이 심하지 않아서 그는 정원을 가꾸기도 하고 말을 타기도 했다. 그러나 세월이 흐르는 동안 그의 감시자들은 점점 더 자유를 제한했다. 말을 나눌 상대가 줄고, 바깥 활동을 제약받자 그는 침울해졌다. 그리고 많은 시간을 실내에서 보내게 되면서 만성적인 병에 걸리게 되었고, 오한과 구토, 고열로 고통 받았다.

그런데 문제의 이 건물은 현재 나폴레옹 박물관이 되었다. 나폴레옹과 조세핀이 실제로 생활을 했던 성의 모습을 재현해서 부부의 침대, 의자, 옷, 장신구, 식탁, 접시, 자필 문서, 조각상, 군대용품 등의 다양한 유품들뿐 아니라 조세핀 황후가 공들여 가꾼 아름다운 장미정원, 노란색깔의 벽화로 장식된 서재 등을 볼 수 있다. 바로 이 서재의 벽화도 노란색 바탕의 제비꽃 무늬의 벽지이다. 이렇듯 제비꽃과 그 향기는 두 사람과 운명을 같이하였던 것이다.

모차르트 귀 기형의 원인과
죽음의 진실

오스트리아의 음악가 볼프강 아마데우스 모차르트Wolfgang Amadeus Mozart, 1756~1791는 아버지 레오폴드와 어머니 안나 마리아 페루 사이에서 1756년 잘츠부르크에서 태어났다. 7남매 중 막내인 모차르트와 네 번째 누이 난네를(본명 마리아 안나)만 생존했고, 나머지 5명은 유아 시절에 사망했다. 당시 그의 아버지는 오스트리아 잘츠부르크 궁정음악단의 바이올리니스트였다.

모차르트의 어머니는 그를 30대 후반에 임신해서 그런지 다른 형제들을 임신했을 때보다 입덧이 매우 심해 음식을 전혀 먹지 못해 고생하였다. 그럴 때마다 그의 아버지는 바이올린을 연주하여 어머니의 신경을 다른 데로 돌리려고 애를 썼는데, 모차르트는 태내에서부터 음악으로 태교를 하였던 것이다.

모차르트의 어머니는 그를 낳을 때에도 난산 끝에 분만하였으며, 또 모유가 나오지 않아 곡물가루로 양육하였다. 그로 인해 영양실조와 갖은 질병에 시달리며 자랐다. 몸의 기능도 좋지 않아 걷는 것, 말하는 것 모두가 정상아보다 두 배나 늦었다고 한다. 그래서 성장한 후의 키는 150센티미터에도 미치지 못하는 단신에다 얼굴에는 천연두로 곰보가 되었으며, 눈은 근시에 코는 주먹코였다. 더욱 이상했던 것은 왼쪽 귀가 기형으로 귓불이 거의 없었으며, 귓구멍은 평평하여 아주 기묘하게 생겼다고 한다. 연구자들은 이를 스케치로 남겼는데, 이비인후과에서는 이러한 귀의 기형을 '모차르트의 귀'라고 하며, 천 명 중 한 명꼴로 나타나는 기형이라고 한다.

어려서 모차르트의 성격은 쾌활한 편이었으나, 신경이 예민하여 잘 흥분하였다고 한다. 이렇게 흥분하게 되면 손놀림이나 눈굴림 그리고 잔기침을 하며, 불안을 표시하였다. 이럴 때 음악이 들려오면 모든 감각기능은 이에 집중하게 되었다고 한다.

그러나 모차르트는 궁정음악가인 아버지의 피를 이어받아서인지 어릴 때부터 음악에 뛰어난 재능을 나타냈다. 세 살 때 피아노를 연주하기 시작하였고, 네 살이 되어서는 악보도 없이 클라비코드를 연주했다. 그리고 다섯 살 때는 미뉴에트와 콘체르토를 작곡했으며, 여덟 살 때는 교향곡을 작곡했다. 이에 과히 '천재'라는 찬사로도 부족할 만큼 음악적으로 조숙한 신동이었다.

현대의 심리학자들이 모차르트의 아이큐를 역산해 측정한 결과

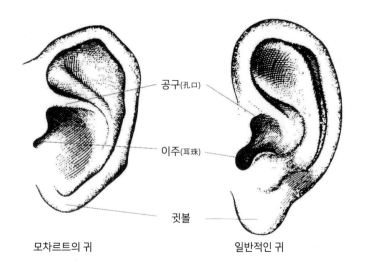

| 공구(孔口) | 이주(耳珠) | 귓볼 |

모차르트의 귀   일반적인 귀

230~250이라는 놀라운 결과를 확인하게 되었다. 1991년 프랑스의 이비인후과 의사인 알프레드 토마티스Alfred A. Tomatis가 《왜 모차르트 Pourquoi Mozart?》라는 저술에서 이러한 천재의 특징이 귀의 청력에서 비롯되었다고 주장했다. 모차르트가 천재 신동으로 어려서부터 작곡을 하게 된 것은 그가 태내에 갖고 있던 태내귀胎內耳(일명 원시귀)를 생후에도 그대로 갖고 있었기 때문이라고 했다. 그는 모차르트의 음악을 통해 청각능력을 향상시키는 훈련을 했는데, 그 결과로 뇌의 기능이 향상되었다고 해서 '모차르트 효과Mozart effect'라고 하였고, 이를 통해 그의 뛰어난 음악을 확인할 수 있다.

어머니 뱃속의 태아는 양수羊水 속에서 초고음超高音을 듣는데, 임신 6

개월이 되면 8,000헤르츠의 고주파 음을 듣게 된다. 소리의 속도는 공기 중에서 1초에 340미터이며, 물속에서는 1,500미터로 5배나 빠르기 때문에 낮은 진동보다 높은 진동이 더 잘 전달된다고 한다. 이러한 빠르기에 적응되어 있는 귀를 태내귀라고 한다. 그러던 것이 분만 후 물 대신 공기와 접하게 되면 공기가 고막에 닿아서 내는 기도음氣導音인 저음이 들리게 되는 것은 생후 수개월이 지나야 하는데, 모차르트의 경우는 태내귀 그대로 성인이 되었다는 것이다.

그래서인지 모차르트는 악기 중에서 트럼펫 소리에 매우 예민하여, 이 소리를 들으면 경련을 일으키며 의식을 잃었다. 그는 트럼펫 소리가 마치 권총을 발사하는 소리처럼 들린다고 했다. 그의 아버지는 이를 교정하기 위해 트럼펫 소리를 강제로 듣게 하여 고역을 치르곤 했다.

이렇듯 모차르트는 우주의 초고주파 음을 들을 수 있는 귀를 지니고 있음으로써 뇌가 활성화되었다. 또 그 선율을 지상의 음악에 반영하여 우주의 음악을 보통사람들에게 선사했다는 평을 듣게 된 것이다.

'설마 뱃속의 태아가 무엇을 들을 수 있을까'라고 생각한다면 큰 오산이다. 수정아授精兒에서 태아가 되기 시작하면서부터 귀의 외형은 모두 갖추어지고, 임신 3주부터는 내이內耳가 생겨난다. 소리를 듣는 데 사용되는 기관인 달팽이관의 분화는 임신 6주 때부터 시작되어 임신 12주에 이르면 거의 완성된다. 또한 태아는 임신 20주(임신 5개월)를 전후로 소리를 들을 수 있게 되고, 그 자극이 뇌에까지 전달되면서 '청력'을 갖게 된다. 즉 어머니가 태동을 느낄 수 있을 때쯤 태아 또한 어머니의 목소리를 들을 수 있게 되는 셈이다.

어떤 의미에서는 그의 어머니의 고령난산으로 인한 귀의 기형과 산후의 영양실조를 극복하기 위해 온갖 정성을 다한 노력이 모차르트가 신동이 되는 데 결정적인 역할을 하게 되었다는 것이다. 즉 임신 중 온갖 괴로움을 아버지의 음악으로 극복한 어머니의 임신기를 통해 그는 출생 전부터 어머니 심장의 박동, 혈류血流의 생리적인 리듬과 어머니의 따뜻한 음성 그리고 아버지의 음악이 신경조직에 전달되어 이것이 태내 기억으로 남게 되었다. 그리고 그 기억이 출생 후 대자연의 우주 리듬을 감지할 수 있는 태내귀를 그대로 유지할 수 있게 된 것이다.

이렇게 어린 모차르트가 음악에 신동이라는 것을 발견하게 된 아버지는 '신이 주신 아이를 잘 키우는 것은 나의 사명이다'라는 생각으로 어린 모차르트를 키우게 되었다는 것이다.

그의 아버지는 음악 교육과 훈련에 철두철미하여 신동을 더욱 빛나게 하기 위하여 여섯 살이 될 무렵인 1762년 초부터 10년 남짓 동안 모차르트를 유럽 각지로 데리고 다니며 그의 재능을 과시하였다. 한편 모차르트에게는 각 나라 음악의 특색에 대해 눈을 뜨게 하는 여행을 하면서도 작곡을 하도록 하였다. 어린 모차르트는 지칠 대로 지쳐 아버지에 대해 불만이 많았으며, 이에 대해 어머니에게 호소하면 그를 따뜻하게 위로해주었다.

모차르트의 1차 외유 후 5년이 지나 그가 스물두 살(1777)이 되자, 어머니와 연주 여행을 떠날 것을 고집했다. 이후 두 모자만이 여행길에 올랐다.

1777년 9월부터 어머니와 연주여행을 시작하였는데, 그 당시 교통수단이라고는 마차를 이용하는 방법밖에 없었다. 또 길도 평탄치 않았다. 그의 어머니는 마차여행에 시달려 몸에 피곤이 쌓였지만, 아들이 무대에서 연주하는 모습과 청중이 환호하는 모습에 피곤을 잊고 여행을 계속 하였다.

1778년 3월 14일에는 마인하임을 출발하여 9일간을 쉬지 않고 마차를 달려 3월 23일에 파리에 도착하였다. 어머니는 피곤에 지칠 대로 지쳐 자리에 눕게 되었다. 그리고 6월 18일 모차르트가 작곡한 〈파리 교향곡〉을 발표하여 파리 시민들에게 대갈채를 받게 되었다. 연주회가 끝난 뒤 모차르트는 숙소로 달려가 어머니에게 연주회에 있었던 일을 소상하게 말했다. 어머니는 힘이 빠져 있던 손을 내밀어 아들을 얼싸 안고는 기쁨의 눈물을 흘렸다고 한다. 그렇게 좋아하던 어머니는 1778년 7월 3일, 아들의 품에 안긴 채로 영영 돌아오지 못하는 불귀의 객이 되었다. 아들의 음악을 너무 좋아해 함께 여행을 다니다 아들의 음악 속에서 잠들게 된 것이다.

이때까지 보고된 모차르트의 사인은 무려 여덟 가지나 된다. 이를 장기별로 보면 심장, 신장, 간 등의 질병으로 사망했다는 보고가 있다. 어떤 해에는 권위 있는 신장 전문가가 신장 질환으로 모차르트가 사망했다고 주장하고, 또 어떤 해에는 간 전문가가 모차르트는 간질환 때문에 사망했다고 발표하는 등 여러 가지 사인을 발표했다. 또한 모차르트의 사인이 수은 중독이라는 주장도 있다. 당시 사회적으로 매독이 만연되어 있었는데, 마리아 테레사의 시의侍醫였던 게르하르트 판 스비텐(1700~1771)은 매독을 치료할 목적으로 승홍昇汞(염화제이수은)을 와인에 넣어 매독 치료제라고 판매하였다. 모차르트는 그의 아들 고트프리트 판 스비텐과는 친한 친구 사이였는데, 일요일이면 그의 집에 가서 수은이 든 와인을 마셨다고 한다. 그로 인해 결국 수은 중독으로 사망했다는 것이 법의학적으로 볼 때 가장 타당하다. 그 이유는 앞서 여덟 가지나 되는 사인들도 바로 수은 중독으로 수반되는 병변으로 볼 수 있다.

예수의 심장은
오른쪽에 있었을까

그림으로 보는 예수 가슴의 상처

예수가 십자가에 못 박혀 처형당한 장면의 그림은 여러 화가에 의해서 그려졌다. 이러한 예수의 책형도磔刑圖는 예수의 육체적·정신적 고통을 가시화할 수 있는 그림으로 예수의 양쪽 손바닥과 양쪽 발등에 커다란 못이 박혀있다. 또 어떤 그림에는 가슴에 상처가 있기도 한다.

이 가슴의 상처에 대해서는 두 가지 설이 있다. 하나는 십자가에 매달린 예수가 죽었는지, 아직 살아있는지를 가리기 위해 병사가 창으로 찔러 생긴 상처라는 설이 있다. 또 하나는 예수의 죽음을 확인하기 위해 찌른 상처라는 것이다.

만일 그 상처가 죽었는지, 살았는지를 가리기 위해 생긴 상처라면 상처는 그리 크지 않을 것이다. 동시에 상처 주위 출혈도 많지 않을 것이다. 그러나 그 상처가 죽음을 확인하기 위한 행동으로 생긴 것이라면, 상처는 크고 깊고 출혈도 많았을 것이다.

따라서 화가가 어떤 개념으로 그림을 그렸는가에 따라서 차이가 생기게 마련이다. 즉 화가가 예수 가슴의 상처가 생사를 구별하기 위한 행동으로 생긴 것으로 생각하고 그렸다면, 상처는 작게 그리고 출혈은 그리 많지 않게 표현되었을 것이다. 만일 화가가 죽음을 인식하고서도 이를 확인하기 위한 행동으로 생긴 것으로 믿고 그린 것이라면, 그 상처는 크고 출혈도 많게 표현되었을 것이다.

예수 가슴의 상처에 대한 또 하나의 특징은 모든 그림의 상처가 한결같이 오른쪽 가슴에 있다는 점이다. 즉 병사가 예수의 오른쪽에서 찔렀다는 것이며, 이에는 다른 이견이 없다는 것을 의미한다. 사람의 심장은 왼쪽 가슴에 있기 때문에 이곳을 창으로 찌르면 한 번에 많은 양의 피가 쏟아져 나오기 때문에 급사하게 된다. 그러나 오른쪽 가슴에는 폐만 있기 때문에 왼쪽보다 출혈이 훨씬 적고, 죽음에 이르는 시간도 길어진다.

그러나 사람들 가운데는 심장이 오른쪽에 있는 경우가 있다. 내장 역위증內臟逆位症, Situs inversus이라고 해서 내부 장기의 일부 또는 전부가 정상과는 전혀 다른, 즉 반대의 위치에 자리하는 일종의 기형이다. 예를 들면 간이 왼쪽, 위가 오른쪽 그리고 심장이 오른쪽에 있는 등 장기의 위치 이상으로 오는 기형인 경우가 있다. 특히 심장이 오른쪽에 위치한 기형을 우흉심右胸心이라고 한다.

내장역위증 가운데는 모든 장기의 위치가 뒤바뀐 경우와 장기 하나나 또는 두 개 등 일부 장기의 위치만 이상인 경우가 있다. 전자의 경우를 전全내장역위증이라 하고, 후자인 경우를 부분적 내장역위증이라고 한다.

단지 장기의 위치에 이상이 있는 경우에는 아무런 병적인 임상 증상은 나타나지 않기 때문에, 본인이나 주변 사람들도 내장역위증이라는 것을 모르고 지내다가 의사의 진찰을 받은 후 비로소 알게 된다. 내장역위증은 대체로 유전으로 물려받게 되는데, 어떤 경우에는 내장역위증이라는 것을 평생 모르고 지내다가 사후 부검으로 알게 되는 경우도 있다.

그림 '십자가의 예수'와 '피에타'

골고다 언덕에서의 예수의 십자가 처형과 성모자상聖母子像은 많은 화가가 택한 그림의 주제였다. 이탈리아의 화가 지오바니 벨리니Giovanni Bellini, 1430~1516가 1460년에 그린 〈피에타〉는 예수의 오른쪽 가슴에 기다란 창상이 있고 그 주변에 출혈이 있는 것을 볼 수 있다.

또 이탈리아의 화가 지오토 본도네Giotto Bondone, 1267~1337가 그린 〈마리아와 요한 사이의 십자가 예수〉를 보면 예수는 오른쪽 가슴을 찔려서 마치 분수처럼 많은 양의 피가 한 번에 쏟아져 나오는 것을 볼 수 있다. 이 그림을 화면 그대로 해석하자면 예수는 심장이나 또는 큰 혈관이 찔

지오반니 벨리니Giovanni Bellini, 〈피에타Pieta〉, 1455~1460, 템페라, 86×107cm, 브레라아트갤러리

지오토 디 본도네Giotto di Bondone, 〈마리아와 요한 사이의 십자가 예수christ on the cross between Mary and John〉, 1300년경, 나무에 템페라, 45×44cm, 알테 피나코텍

려서 나온 출혈로 해석할 수 있다.

그렇다면 예수는 우흉심이었다는 이야기가 되는 것이다. 앞서 설명한 것과 같이 우흉심은 유전되는 것이기 때문에 자연히 예수와 성모 마리아를 그린 성모자상에 주목하지 않을 수 없다.

성모자상과 우흉심

어린 예수를 가슴에 안고 있는 성모 마리아의 그림을 그린 성모자상 역시 많은 화가가 즐겨 선택했던 그림의 주제이다. 그런데 성모자상을 보고 있노라면 이런 의문이 생긴다.

일반적으로 어머니가 어린아이를 가슴에 안을 때 어느 쪽 가슴에 안는지는 그리 신경 쓰는 문제가 아니다. 그러나 대부분의 어머니는 오른손잡이이기 때문에 어린아이를 왼쪽 가슴으로 머리를 두게 안는다. 왜냐하면 아이를 안고서도 보살피는 일을 하기 위해 오른손이 자유로워야 하기 때문이다.

그러나 왼쪽 손이 아프거나, 왼손잡이인 경우 아이의 머리를 오른쪽 가슴으로 두게 된다. 무의식적으로 어머니는 대개 왼쪽 가슴 쪽으로 아이의 머리가 오게 안는데, 왼쪽 가슴에 안기면 안전감을 느끼기 때문이다.

아이는 어머니의 뱃속에 있을 때부터 어머니의 심장 박동소리를 듣고 자란다. 그래서 아이는 어머니의 심장 박동소리를 들으면 안정감을

야코포 벨리니Jacopo Bellini, 〈성모자상Madonna and child〉, 1450, 나무에 템페라, 57×73cm,
우피치미술관

느끼게 된다. 그래서 심장 박동소리가 잘 들리는 왼쪽 가슴 쪽으로 안기는 것을 무의식적으로 바란다는 것이다. 이러한 어머니의 심장박동소리는 아이에게는 일종의 안전신호이기 때문에, 흥분되었던 마음도 가라앉게 된다. 그리고 이 소리가 되도록 가까이에서 들리기를 원하게 되는 것이다.

이런 사실을 본능적으로 알아서인지, 아니면 우연에서인지 어머니는 아이를 안을 때 심장이 있는 왼쪽 가슴으로 아이의 머리가 오도록 안는다. 또한 아이가 보챌 때도 가슴에 안거나 등에 업으면 귀를 가슴에 대로 잠이 든다. 그래서 아이가 불면 증상을 보일 때 어머니의 심장박동소리를 들려주면 효과적이라고 한다.

다시 성모자상 이야기로 돌아가서 수많은 화가의 그림에서 어린 예수의 배치를 보면 마리아의 왼쪽 가슴보다는 오른쪽에 안긴 것이 많다. 그래서 마리아가 우흉심이었던 것은 아닌가 하는 의심을 하게 한다. 이제 마리아가 아기 예수를 자신의 오른손으로 안고 있는 전형적인 그림을 살펴보자.

이탈리아의 화가 야코포 벨리니Jacopo Bellini, 1400~1470가 1450년에 그린 〈성모자상〉과 라파엘로 산치오Raffaello Sanzio, 1483~1520가 1505년에 그린 〈성모자상〉이 있다. 그렇다고 해서 마리아의 왼쪽 가슴에 안긴 그림이 없는 것은 아니다. 때문에 예수와 마리아가 우흉심이었다고 단정할 수는 없다. 그러나 '예수의 십자가 처형도'와 '성모자상' 모두가 우흉심을 시사할 수 있는 그림들이 많다는 것에서 나온 작품의 해설이다.

라파엘로 산치오Raffaello Sanzio, 〈수염이 없는 성 요셉과 성모Madonna with beardless St. Joseph〉, 1506, 57×74cm,
상트페테르부르크 에르미타주미술관

아름다움에 숨겨진
복수의 칼날

이탈리아의 여류화가 아르테미지아 젠틸레스키Artemisia Gentileschi, 1593~1623의 〈홀로페르네스의 목을 베는 유디트〉(1620)라는 작품에는 한 여성이 칼로 남자의 목을 베고 있는데, 차마 눈뜨고 볼 수 없을 정도로 참혹하다. 여자의 이름은 유디트, 남자는 홀로페르네스라는 구약성서에 나오는 주인공들이다. 이스라엘 민족이 이집트에서 노예생활을 마치고 돌아온 지 얼마 되지 않아 바빌로니아 왕국의 침공을 받았다. 이때 침략군을 총지휘한 사령관이 바로 홀로페르네스다. 이웃나라들은 바빌로니아 군대에 모두 항복하였으나, 이스라엘만은 강하게 항거하였다. 이에 화가 난 홀로페르네스는 이스라엘 백성을 닥치는 대로 살해했다.

한편 유디트는 남편을 잃은 후 3년 상을 치르며 아내로서의 도리를 다하고 있는 과부였다. 하지만 용모가 아름다웠을 뿐만 아니라 상당

아르테미지아 젠틸레스키Artemisia Gentileschi, 〈홀로페르네스의 목을 베는 유디트 Judith Beheading Holofernes〉, 1620~1621, 캔버스에 유채, 199×162cm, 우피치미술관

한 재산을 유산으로 물려받아 부유했다. 홀로페르네스의 잔악한 행동을 들은 유디트는 복수를 다짐하고, 남자들의 눈을 홀릴 만큼 화려하게 몸단장을 했다. 그리고 하녀와 함께 적진으로 직접 찾아갔다. 유디트를 본 군사들은 한결같이 소리를 지르며 그녀의 미모에 감탄했다. 유디트는 적장 홀로페르네스에게 접근하는 데 성공하였고, 그녀는 하룻밤을 같이 지내자며 온갖 교태를 부리며, 밤새껏 술을 권하여 만취해 녹아떨어지게 하였다.

기회를 잡은 유디트는 적장의 목덜미를 내리쳐서 머리를 잘라냈다. 잘라낸 머리를 하녀로 하여금 자루에 넣게 한 후 이스라엘 진영으로 돌아왔다. 지도자를 잃은 바빌로니아 군대는 전의를 잃고 달아났고, 이스라엘군은 승리를 거두었다.

이러한 이야기에 흥미를 느낀 많은 화가가 앞을 다투어 이를 소재로 삼아 그림을 그렸다. 그림은 화가에 따라, 시대에 따라 그 표현에는 많은 차이가 있어 우선 두 화가의 그림을 보면서 그 표현이 어떻게 변천되었는지를 살펴보자.

16세기 이탈리아의 화가 틴토레토Tintoretto, 1518~1594가 그린 〈유디트와 홀로페르네스〉(1579년경)라는 작품을 보면 도저히 살인을 한 장면이라고는 생각되지 않는다. 유디트는 화려한 옷을 입고 있는데, 그 옷매무새가 조금도 흐트러짐이 없다. 그리고 또 적장의 목을 베기 직전임에도 발이 걸려 넘어질 것 같은 치렁치렁한 치마를 입고 있다.

틴토레토, 〈유디트와 홀로페르네스 Judith Beheading Holofernes〉, 1577년경, 캔버스에 유채, 188×251cm, 프라도 미술관

이런 옷차림은 적장을 유혹하는 데는 효과적이겠지만, 적장의 목을 베기 위해서는 거추장스러워 보인다. 자른 목은 주의해서 보아야 겨우 알 수 있으며, 목이 잘린 적장의 몸을 시트로 덮고 있어 그림만 보아서는 스토리를 이해할 수 없다.

그러나 이탈리아의 여류화가 아르테미지아 젠틸레스키가 그린 〈홀로페르네스의 목을 치는 유디트〉(1620)라는 그림에서 적장은 등을 침대에 대고 누워 있으며, 그의 머리는 화면 바로 중앙에 있다. 유디트는 두 팔을 끝까지 내밀고 있는데 이것은 힘을 다 모으기 위해서이다. 그녀는 적장의 얼굴을 보지 않기 위해 왼손으로 그의 머리를 반대쪽으로 돌리고 오른손으로 적장의 목을 힘 있게 자르는 장면을 그려 보기만 해도 소름이 끼친다.

아르테미지아는 다른 화가와는 달리 매우 힘 있고 억센 여인상을 그렸는데, 그것은 아마도 그녀 자신의 처지가 유디트와 비슷한 입장에 있었기 때문으로 해석된다. 그녀는 아버지의 제자인 화가 타시Tassi에게서 그림을 배웠다. 타시는 그녀에게 청혼을 했지만 받아들여지지 않자, 그녀를 강제로 성폭행하였다.

이로 인해 재판이 열렸지만 단지 단순 폭행죄만이 인정되었기 때문에, 그 판결에 격분해 유디트와 같이 강하고 결단력 있게 여인에게 폭력을 휘두르는 남자들에게 복수하고 싶었던 그녀의 원한이 그림에 나타난 것이다.

우리나라에도 유디트와 같이 적장을 술로 유인해 살해한 의녀로는 주논개朱論介가 있다. 논개에 대한 기록은 광해군 때인 1621년 유몽인柳夢寅이 저술한 《어우야담於于野談》에 전해지는데, "진주의 관기이며 왜장을 안고 순국했다"는 간단한 기록만 남아 있다. 그 때문에 논개는 기생이었다고 알려지게 되었다. 그러나 실은 논개는 몰락한 양반 가문의 여식으로 아버지를 일찍 여읜 채 어머니와 함께 숙부에

장수군 장수면 장수리에 있는 논개사당 앞에 세워진 논개동상

게 의탁하게 된다. 숙부는 이웃 마을의 김동헌이라는 사람에게 논개를 민며느리로 팔아버린다. 이를 알게 된 논개 모녀는 외가로 피신했지만, 잡혀 관아에 넘겨져 재판을 받게 되었다. 그러나 현감 최경회에 의해 무죄 방면된다. 어린 나이에도 너무나 고마운 처사에 감동한 논개는 자원해서 최 현감의 시중을 들게 된다.

1592년 임진왜란이 일어나게 되고, 전라도 지역에서는 고경명이 의병을 일으켜 왜적과 싸우다 전사한다. 이에 최 현감이 의병장으로 나서 싸우게 되었다. 최 현감은 의병을 이끌고 진주성을 지원하여 승리를 거두었다. 이 공로로 1593년에는 경상우병사로 임명되었고, 진주성에서

의 전투를 지휘하였다. 그러나 왜군의 공세에 밀려 불리해졌고 수많은 군관민이 전사 또는 자결함으로써 진주성은 함락되었다. 그리고 최경회는 남강에 투신하여 자결하고 만다.

논개는 원수를 갚기 위해 적장을 살해할 것을 결심하고 기회만 엿보던 중 왜군이 진주성 함락을 자축하기 위해 촉석루矗石樓에서 주연을 연다는 소문에 기생으로 위장하여 참석하게 된다. 논개는 적의 선봉장 게야무라 로쿠스케毛谷村 六助를 지목하여 술을 권하고 교태를 부리며 노래하고 춤을 추었다. 그리고 동료 기생들에게 반지와 가락지를 달라고 하여 열 손가락에 모두 끼고는 촉석루 아래로 내려가 물위에 솟아 있는 평평한 바위 위에서 춤을 추며 게야무라에게 오라고 손짓한다. 잠시 망설이던 그는 바위로 건너가 논개를 끌어안았다.

논개는 이 기회를 놓칠세라 적장의 몸을 끌어안고 물속으로 뛰어들었다. 이를 보고 있던 왜병들은 소리 지르며 환호했다. 처음에는 장난인 줄 알았기 때문이다. 그러나 물속으로 들어간 게야무라와 논개는 영영 떠오르지 못하고, 세차게 흐르는 남강의 물결 속으로 떠내려가고 말았다.

훗날 이 바위를 의암義岩이라 불렀으며, 1956년에는 '논개사당論介祠堂'을 건립했다. 장수군에서는 매년 9월 9일 논개를 추모하기 위해 논개제전論介祭典을 열고 있다.

두 사람의 의녀義女는 나라를 구하기 위한 굳은 결심으로 적장을 유인하여 살해하였다. 그러나 여인으로써 과연 가능하겠는가에 대한 의문을 낳게 한다. 아무리 술에 만취되었다 할지라도 적장의 목이 그렇게 쉽게 날아갈 수 있을까? 틴토레토와 젠틸레스키의 그림처럼 유디트 혼자서가 아니라 하녀가 도왔기 때문에 가능할 수도 있다.

논개의 경우를 보면 가녀린 여인의 팔로 적장의 몸을 꽉 껴안았다고 해도, 과연 힘이 센 남자가 뿌리칠 수 없을까? 이를 예측한 논개는 동료 기생들의 가락지와 반지를 받아 열 손가락에 모두 끼었다. 일단 손깍지를 끼면 자물쇠처럼 물리게 하여 풀리지 않게 하려는 것이었다.

여기서 법의학적인 조언을 하면 사람이 죽을 때 극도로 긴장하고, 어떤 근육에 힘을 강하게 주고 죽으면 그 근육에 죽음과 동시에 강직이 일어난다. 이것을 즉시성 시강卽時性 屍剛, Postmortem spasm이라고 한다.

논개의 경우에도 즉시성 시강이 강하게 일어났기 때문에 아무리 힘이 센 남자라 할지라도 꼼짝하지 못하고 당할 수밖에 없었던 것이다.

No. 27

흑인의 손톱은
자라지 않는다?

근대 조각을 확립한 시대의 거장 로댕Auguste Rodin, 1840~1917의 작품 〈키스〉(1889)는 한 쌍의 남녀가 황홀한 입맞춤을 하는 장면을 조각하였다. 서로가 서로를 놓치지 않으려는 자세에 미묘한 연인 간의 심리가 섬세하게 묘사되어 있다.

이 순간이야말로 두 남녀는 사랑의 완전한 결합으로 자신들만의 우주를 창조하는 데 몰두하고 있다. 남자는 한 팔로 휘감아 안은 여인의 허벅지를 살짝 끌어당긴 이 정염의 순간을 놓치지 않고 표현하였다. 이것은 작가가 세밀한 곳까지 혼신의 정성을 다한 결과이며, 그 손이 이 순간의 모든 것을 말하고 있다. 그래서 로댕의 작품에서는 손만을 관찰해도 그가 작품에서 표현하려는 의도를 읽을 수 있다. 그가 얼마나 위대한 손의 창조자인지 알 수 있다.

로댕 작Augueste Rodin, 〈키스The Kiss〉 1889. 브론즈, museo soumaya - 소우마야박물관

<키스>의 손 부분 확대

　이 작품을 보면 매우 노골적이어서, 이 사랑의 표현을 보는 사람으로 하여금 관음에 빠지게 한다. 아마도 작가는 자신의 내면에 도사리고 있던 성애에 대한 정열을 작품에 투영시키고 있다. 로댕이 이와 유사한 포즈의 작품을 대리석과 브론즈로 제작했는데, 작가가 이 주제에 얼마나 골몰했는지 알 수 있다.

　필자는 브론즈 작품에 집착한다. 그것은 잊을 수 없는 손에 대한 일화 때문이다. 특히 이 작품의 남자가 여인의 허벅지에 올려놓고 있는 손을 자세히 보면 손톱을 바싹 깎아서인지, 아니면 애당초 그렇게 생긴 손톱인지는 모르겠지만 이런 손으로는 가려운 곳을 긁어도 조금도 시원하지 않을 것처럼 보인다. 또 손가락의 육질이 손톱보다 훨씬 길게 뻗어 나와 있으며, 손톱의 끝이 손가락의 육질에 달하지 못하고 있다.

이런 손톱에 대한 허위 증언 때문에 살인자를 놓친 어처구니없는 사건이 있다. 다음은 사건에 대한 이야기다.

"사람을 죽일 의사는 전혀 없었습니다. 잠시 후 그 여자가 반항하기에 다시는 반항하지 못하게 하기 위하여 손으로 목을 눌렀지요. 그랬더니 여자가 거품을 물고 눈에는 흰자위만 보이기에…. 여자를 그대로 놓고 도망쳤습니다. 정말 여자가 죽은 줄은 몰랐습니다."

이것은 어느 강간強姦 가해자가 수사관에게 범행에 대해 진술한 내용의 일부이다. 대부분의 강간 범죄자들은 동기야 어찌되었든 간에 여자를 강간할 때 상대방이 반항하지 못하도록 머리를 강타하거나, 잔등을 쳐서 실신 상태에 빠지게 한다. 즉 항거 불능 상태가 된 상대에게 강간 행위를 하는데, 이때는 두 가지 경우를 보게 된다. 하나는 실신 상태가 계속되기 때문에 가해자에게 어떠한 반응이 없는 경우와 다른 하나는 행위 도중에 피해자의 의식이 회복되어 반항하는 경우이다.

전자의 경우에는 피해자가 피살되는 일이 거의 없다. 그러나 후자의 경우에는 거의 대부분 피살된다. 그 이유는 전술한 바와 같이 가해자 자신도 살해殺害할 의사가 있어서 죽이는 것이 아니라, 피해자가 죽음이 초래되기 쉬운 몸 상태에 놓여 있기 때문이다.

강간 행위로 상위上位를 취한 가해자에게 피해자가 의식을 회복하여 완강히 반항하기 시작하면, 이를 다시 항거 불능 상태로 만들기 위하

여 대개 손바닥으로 피해자의 목을 누르게 된다. 다시 말해 가해자의
체중이 피해자의 복부에 가중된 상태에서 목을 누르면 질식은 매우 용
이하게 그리고 보다 빨리 진행된다. 따라서 가해자로서는 죽일 의사가
전혀 없이 단지 항거 불능만을 원하여 눌렀다 할지라고, 피해자는 액사
로 사망하게 되는 것이 강간 치사에서 보게 되는 통례적인 현상이다.
그래서 액사의 경우는 손톱에 의해 목의 피부에 반월성半月狀의 표피 박
탈表皮剝脫이 생기는 것이 특징이다. 이렇게 강간 치사와 손톱자국과는
밀접한 관계가 있다. 이와 관련된 웃고 넘길 수 없는 사건 뒷이야기 하
나를 더 소개하겠다.

모 미군 부대 뒷산에서 30대 여인의 변사체가 발견되었다. 경찰은 곧
수사에 나서는 한편, 시체를 부검하여 사인을 판명하기 위해 힘썼다.
부검 소견으로는 우선 피해자의 하반신이 완전 노출되어 있었고, 양하
지는 'ㄱ'자로 구부러져 있어 강간 치사의 자세였다. 또한 목덜미에 반
월상의 손톱자국이 전형적인 액사의 소견이었다. 특히 둔부臀部를 위시
한 시체 배면에 많은 표피 박탈이 있는 것은 강간 치사를 더욱 뒷받침
하였다. 또 내부 소견에 있어서도 액사의 소견을 모두 구비하고 있었다
고 부검을 담당하였던 K 의사는 이야기하였다.
따라서 강간의 유무와 가해자의 혈형을 알기 위하여 질 내용물膣內容
物을 채취하여 검사했는데, 질 내용물에서 많은 정자精子가 증명되었다.
또 피해자의 혈형이 O형인데 질 내용물이 A형으로 반응하는 것으로

보아 가해자는 A형의 사나이라는 것을 알게 되었다.

얼마 후 경찰에는 범인에 대한 제보가 있었다. 제보자는 R이라는 미군 접대부로 자신에게 몇 번 다녀간 J라는 흑인 병사가 있는데, 성품이 몹시 포악하고 변태적인 성행위자였기 때문에 접대부들 사이에서는 소문이 파다하다고 했다.

하루는 J 병사가 R을 방문하여 머무는 동안에 만취가 되어 헛소리처럼 하는 말이 "뒷산에서 여인을 강간하였는데 반항하기에 목을 잠시 눌렀는데 그만 죽었다"고 말하며, 자신은 절대로 죽일 생각이 없었다고 소리를 질렀다고 한다. 의외의 죽음으로, 비록 살인은 하였지만 양심의 가책을 받았던 것이다.

이러한 보고를 받은 경찰은 미군 헌병의 도움을 받아 J 병사를 수사하여 범인이라는 심증을 굳히게 되었다. J 병사에 대한 재판이 시작되었고, 부검한 K 의사가 증인으로 법정에 출두했다. 법정에서 미국인 변호사는 J 병사를 열심히 변론하고 있었는데 K 의사에게 이렇게 질문하였다.

"죽은 여인의 목덜미에서 틀림없이 손톱자국이 증명되었나요? 또 정액의 혈형이 A형이 틀림 없었나요?"

이에 대하여 K 의사는 "틀림없이 목덜미에는 액사의 전형적인 소견인 반월상의 손톱자국이 있었고, 또 질 내용물에서는 A형의 정액이 증명되었다"라고 답변하였다. 이 이야기가 끝나자마자 변호사는 벌떡 일어서면서 "재판장님! 그렇다면 범인은 다른 A형의 사나이입니다. 원래 흑인은 손톱이 자라지 않습니다. 흑인은 손톱이 자라지 않기 때문에 설사 손으로 목을 누른다 할지라도 절대로 표피 박탈은 생길 수가 없습니다." 이 이야기를 듣고 K 의사는 필자에게 전화를 걸어왔다.

"선생님! 흑인은 손톱이 자라지 않습니까? 그런 이유로 이번 사건의 J 병사는 무죄無罪가 되었습니다."

필자로서도 처음 듣는 이야기였다. 흑인의 손톱이 자라는가에 대해서는 평소 관심을 두고 생각해본 적이 없었다.

그 후 필자는 흑인의 손톱은 자라지 않는 것으로 믿고 있었다. 몇 년 후 미국에서 흑인을 부검할 기회가 있어서 동석한 법의관에게 물었다. "흑인은 손톱이 자라지 않나요?" 했더니 오히려 반문하기를 "흑인도 사람인데 왜 손톱이 자라지 않겠습니까? 왜 그런 질문을 하는거지요?"라고 물었다. 흑인 법의관에게 한국에서 있었던 미국 변호인의 이야기를 하였다. 다 듣고 난 법의관은 빙그레 웃으며 "그 변호사는 거짓말로 J 병사를 무죄로 만든 겁니다. 거짓으로 무죄를 만들려는 의도입니다."

변호사가 그런 거짓말을 했다는 사실에 필자는 아연실색할 수밖에 없었다.

No. 28

'헤보나' 씨앗으로 야기된
햄릿의 비극

윌리엄 셰익스피어William Shakespeare, 1564~1616의 〈햄릿〉의 내용은 잘 알려져 있다. 간단하게 요약해보면, 지금부터 7세기 전인 13세기 덴마크 왕국의 수도에 있는 엘시노아 성에서 왕자 햄릿은 부왕의 죽음으로 슬픔에 잠기게 된다. 게다가 어머니인 왕비 거트루스마저 남편이 죽고 난 뒤 왕위를 계승한 시동생인 클로디어스와 서둘러 재혼하였고, 왕자를 더욱 슬프게 하였다. 그것은 햄릿에게는 아버지의 죽음 이상으로 고통스러웠다.

어느날 그의 친한 친구인 호레이쇼 일행이 햄릿을 찾아와서 이렇게 말했다. 한밤중 자신들이 보초를 서고 있는데, 선왕의 혼령魂靈이 나타났다는 것이다. 햄릿은 그들의 말대로 보초를 서는 곳으로 가서 밤을 새웠고, 그때 나타난 선왕의 혼령과 만나게 된다. 선왕이 햄릿에게 '너의 숙부 클로디어스가 왕비를 유혹하고 자신을 독살했다'라고 말했다.

언제나 하는 버릇
그날도 난초와 함께 낮잠을 즐기는데
너의 숙부, 그녀석이 몰래 가까이 와
병에 든 독약을 내 귀에다 부었다,
살을 썩히는 그 무서운 헤보나henbane의 독약을,
이 독약은 사람 피에는 비상,
삽시간에 온몸의 대문과 골목길을 수은 돌듯 두루 돌아
마치 우유에 초 한 방울 떨어뜨리듯
별안간 정한 피가 얼어붙게 만들었다.
그리하여 보기에도 징그러운 문둥이처럼
전신에 부스럼이 돋아나고 말았구나.
이렇게 이 아비는 잠시 잠든 틈에 친아우 손에
목숨뿐이랴, 왕관과 왕비마저 고스란히 빼앗기고 말았다.
선창도 임종의 도유도 받지 못하고 마지막 고해도 못한 채
살아생전에 모든 죄를 지녀, 깨끗하지 못한 몸 그대로
저승길에 끌려가게 되었다.

자신은 아무도 모르게 동생 클로디어스에게 독살 당해 억울하게 죽
었으니 그 원수를 갚아달라고 말했다. 그리고 덧붙여 말하기를 '일은

외젠 들라크루아Eugène Pelacroix. 〈햄릿 아버지의 혼령과의 만남Hamlet Sees the Ghost of his Father〉, 1843, 야기엘로니스
키대학박물관

서둘지언정 행여 마음이 흐려져서 네 어미를 해치는 일을 해서는 안 된다'고 했다. 그리고 마지막으로 자신을 잊지 말라는 당부까지 했다.

《햄릿》내용에는 독약에 관한 것이 많이 나온다. 독을 탄 술과 독을 바른 칼도 나오는데, 그 독은 대사에서 구체적으로 기술된 '헤보나 Henbane'이다. 범죄사상 사람을 살해하는 데 '헤보나'를 사용했다는 사건은 알려지지 않았다. 그래서 '헤보나'가 어떤 독약인가 조사해보았더니 '살아서 천 년, 죽어서 천 년'간다는 주목朱木이라는 나무의 열매를 말하는 것이었다.

이 나무의 학명은 Taxus cuspidata이며, 생약명은 적백송赤柏松, 자삼紫杉이라 하는데, 나무껍질은 붉은빛을 띠고 속살도 유달리 붉어 주목이라 한다. 주목은 주로 높은 산에서 자라며 암수 딴 그루 또는 암수 한 그루로 자라는 모든 식물 중에서 가장 오래 사는 식물이다. 어쩌면 지구상에 있는 모든 생물 중에서 가장 오래 사는 생물로서, 1만 년을 살 수 있다고 한다. 개중에는 더 오래 된 것도 있을 수 있다.

꽃은 1가화로 4월에 피며, 9~10월에 둥글고 붉은 열매가 컵 모양으로 달리며, 붉은 열매껍질 속에 씨앗이 들어 있다. 그 모양이 다양해 어떤 것은 마치 장미꽃 모양을 한 열매도 있어서 관상목으로 끼우기도 한다. 열매의 붉은 껍질은 맛이 좋아 식용으로 사용되며, 특히 술을 담그는 데 많이 사용된다. 또 주목은 단단해 활이나 활촉 또는 도장을 만드는 데 사용되며, 그 모양과 질이 좋아 지팡이를 만드는 데도 사용된다.

야생동물들이 그 열매를 먹은 후 죽는 경우도 있는데, 씨앗이 없는 열매를 먹으면 괜찮고, 씨앗이 든 열매를 먹으면 죽는다는 것이다. 이로써 주목나무의 씨앗에는 치명적인 독성을 지녔다는 것을 알게 되었다. 옛 그리스 병사들은 주목 씨앗의 즙을 내어 화살촉에 바르면 살상 효과가 크게 증대된다는 것을 알고 이를 사용하였다.

아마도 셰익스피어도 이러한 문헌을 참작해서 이 독물로서 햄릿 왕을 살해한 것으로 추측된다. 대사를 보면 그 사망하는 양상이 너무나도 구체적으로 기술되어 있다.

이 독약은 삽시간에 온몸의 대문과 골목길을 수은水銀 돌듯 두루 돌아 / 마치 우유에 초 한 방울 떨어뜨리듯 / 별안간 정한 피가 얼어붙게 만들었다. / 그리하여 보기에도 징그러운 문둥이처럼 되어 버렸다.

과연 헤보나 독이 이러한 증상을 보이는지 기록을 검토해보았다. 그러자 주목나무 씨앗, 즉 헤보나의 유독 성분은 탁신taxine이라는 알칼로이드alkaloid로 그 이름은 주목을 그리스어로 읽은 데서 유래했다. 덧붙여 말하면 영어의 톡신toxin도 탁신과 같은 유래이다.

탁신 알칼로이드의 주된 약리작용은 심혈관계에 대한 선택적 작용으로 급성중독의 경우 대부분 급사하게 된다. 치사량에 미달된 경우는 아급성의 증상으로 운동실조, 서맥, 호흡곤란, 근육진전, 경련 등을 보이다가 허탈에 빠진다고 한다.

병리학적 변화는 주로 간과 신장에서 보는데, 조직학적으로는 간 실

질세포의 공포, 괴사, 쿠퍼세포의 종대, 세뇨관 상피세포의 변성, 사구체, 보먼 주머니, 세뇨관 내의 호산성물질 등이 관찰된다. 이러한 기록은 사람에서 본 증상이나 소견이 아니라 야생동물들이 주목 씨앗을 먹고 나서 보이는 증상과 소견을 일본 수의학회지에서 보고된 내용이며 사람이 이 독물로 사망한 예를 보고한 것은 찾아볼 수 없다.

그런데 최근 주목의 한 종류인 Taxus brevifolia(Pacific yew)에서 탁솔taxol이라는 알칼로이드가 분리되었는데, 탁솔은 백혈병과 난치성 난소암에 매우 잘 듣는다고 하여 주목을 받고 있다.

《햄릿》의 이야기로 돌아와서, 이 비극은 햄릿의 헤보나 피살로 시동이 걸리고, 유령의 등장과 함께 극이 시작된다. 햄릿이 죽은 선왕의 유령을 보지 않았거나 복수를 꿈꾸지 않았다면 비극으로 진행되지는 않았을 것이다. 또 헤보나 독을 귓속에 넣어서 사람을 살해하였다는 것은 전혀 들어본 적이 없는 놀라운 일로 그야말로 전대미문前代未聞의 사건이다.

또 비극의 진행은 햄릿의 복수에 대한 의식이 마치 고엽병枯葉病처럼 그 자신뿐 아니라 그와 접하게 되는 모든 사람의 정신까지도 침해하면서 비극은 절정에 달한다. 그리고 사람에 대한 복수의 개념으로는 정의와 불의, 효와 불효, 사랑과 질투, 진실과 허위 등 선악의 근원적인 것을 모두 다루고 있다.

그러나 작가는 작품 속에서 자신의 견해를 애써 밝히려 하지 않아 그의 비극은 항상 독자들의 몫으로 돌려 스스로 인식하게 한다. 그리고 자신을 되돌아보고 삶을 성찰하도록 하는 데 묘미가 있는 것 이다.

　이렇게 하여 햄릿이란 인물을 통해 각자가 이 비극에서 자신의 이미지를 찾게 함으로써 동화작용을 불러일으키게 하였다. 그러기 위해 셰익스피어는 헤보나라는 독으로 전대미문의 살인 방법을 사용해 비극을 가중시켰던 것이다.

마치는 글

평생 얻은 지식을
사회에 환원한다

사회적으로 물의를 일으키는 사망 사건이 일어났을 때 그 현장 또는 주변에서 사건 해결에 도움이 될 증거물이나 시체소견을 발견할 수 없는 경우가 있다. 그럴 때는 고인의 유물이나 문건 그리고 예술가의 경우라면 그의 작품이 남아 있다면 그 작품과 관계되는 문건 분석을 통해 인권의 침해 여부나 그 사인을 법의학적으로 가려낼 수 있다는 것을 이 저서에서 상세히 설명하였다.

즉 예술작품을 감상한다는 것은 보는 사람의 안목이라 할 수 있는 경험과 전문성, 그 지식 정도의 차이에 따라 해석은 달라질 수도 있다. 어떤 의미에서는 예술작품을 감상한다는 것은 그 행위 자체가 제2의 창작행위가 된다고 생각된다. 따라서 예술작품을 법의학적 안목으로 분석하여 인권의 침해 여부와 사인을 가려내는 일도 어떤 의미에서는 제2의 창작에 속한다 할 수 있다.

이렇게 예술작품의 해부를 통해 가려져 있던 인권의 침해 사실이나 사인을 밝힘으로써 느끼는 환희와 희열은 평생 잊을 수 없는 귀중한 추억으로 남게 되었다. 그래서 그동안의 경험을 토대로 17권의 '예술작품을 의학 또는 법의학적으로 분석한 저술'을 펴낸 바 있다.

이런 작업을 하면서 각종 자료 문건이나 작품을 분석할 때, 사건 내용에 따라 시체의 어느 부위와 어느 장기에 중점을 두고 부검할 것인가에 따라 해부 방식이 달라지는 것과 같이, 예술작품을 해부하는 경우에도 그 사건의 내용에 따라 어떻게 표현했는지, 그리고 문건 검색에서는 어느 시기의 어떤 내용에 중점을 두어 세밀히 검색해야 하는가를 결정해야 한다. 때문에 이러한 검색 방법을 '문건 해부Book Autopsy'라 칭하기로 했다.

예술 해부의 대상이 되는 창작물 중에서도 미술작품은 가장 믿을 수 있는 분석 대상이 된다고 생각하였다. 그 이유는 화가가 역사화나 인물화 등을 그릴 때 그 시대가 부여하는 목적의식을 표현하기 위해 고증을 참작하고, 철학적 지성과 자신만의 미적 혼魂(예술적 영감)을 종합하여 작품을 완성하기 때문에 그 작품은 곧 시대를 증언하는 증인의 역할을 한다. 미술작품은 변하지 않는 침묵으로 표현을 유지하기 때문에 시대의 증인으로 증언을 바꾸지 않기 때문에 일이 없다는 것이 가장 믿음직한 증거가 된다.

예술작품이나 관련 문건을 해부하는 방법도 중요한 감정 방법이 될 수 있다는 것을 알리는 것은 세계적으로도 처음 시도한 일이기 때문에 지식인으로서의 얻은 지식을 사회에 환원하는 것이 될 것이라 믿고 이를 실행하기 위해 이번 저술을 하였다.

그리고 끝으로 첨부하고 싶은 것은 사회적으로 검시제도를 실시한다는 것은 단지 인권의 침해 여부만을 가려내는 것만을 목적으로 한 것은 아니다. 죽음과 관련된 각종통계자료를 확보하여 국민건강, 보건 및 의학 발전을 위한 정책수립과 교육에도 사용될 수 있다.

또한 산업재해, 대량 재난사고 등 각종사고로 사망하는 모든 죽음에 대해서도 그 사고와 사인 간의 관계를 정확히 규명하여 침해된 권리를 바로 잡게 한다. 손해배상에 대한 공평한 분배가 이루어질 수 있도록 하여 억울한 입장에 처하는 사람이 없게 한다. 때문에 그 나라의 정치, 법률, 경제, 문화, 전통, 관습은 물론이고 국민 감정도 고려한 검시제도를 실시하고 있는 것이다.

따라서 이렇게 중요한 검시제도 수립을 정치인들에만 맡겨둔 것이 아니라 기회가 있을 때마다 국민들이 검시제도 수립을 강력히 요구해야 한다.

또 국민을 사랑하는 정치인이라면 검시제도를 마련하여 죽은 이의 사인을 철저히 가려내는 것이 인권을 가장 존중하는 일이 된다는 것을 알아햐 한다. 하루 속히 검시제도가 수립되기를 바라는 마음 간절하다.

문국진 文國鎭

〈책에 수록된 그림 목록〉

레오나르도 다 빈치

〈모나리자〉

P. 51

레오나르도 다 빈치

〈세례자 요한〉

P. 53

미켈란젤로

〈피에타〉

P. 55

라파엘로

〈라 포르나리나〉

P. 57

라파엘로

〈라 돈나 벨라타(베일을 쓴 여자)〉

P. 58

구스타브 클림트

〈철학〉

P. 61

구스타브 클림트

〈의학〉

P. 62

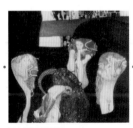

구스타브 클림트

〈법학〉

P. 63

구스타브 클림트

〈타오르미나 극장〉

P. 67

구스타브 클림트

〈벌거벗은 진실〉

P. 69

페르디난트 호들러

〈무한과의 교감〉

P. 73

페르디난트 호들러

〈선택받은 자〉

P. 75

페르디난트 호들러

〈병든 발렌틴〉

P. 77

페르디난트 호들러

〈병상의 발렌틴〉

P. 78

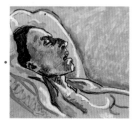

페르디난트 호들러

〈죽어가는 발렌틴〉

P. 79

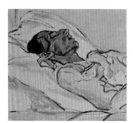

페르디난트 호들러

〈죽은 발렌틴〉

P. 81

페르디난트 호들러

〈제네바 호안〉

P. 82

지오토

〈나사로의 부활〉

P. 89

Part 02

귀도 레니

〈베아트리체 첸치의 초상〉

P. 98

아킬레스 레오나르디

〈사형 직전의 베아트리체 첸치〉

P. 97

엘리자베타 시라니티

〈베아트리체 첸치의 초상〉

P. 99

엘리자베타 시라니

〈자화상〉

P. 101

프란시스 드 고야

〈옷 벗은 마하〉

P. 104

프란시스 드 고야

〈옷 입은 마하〉

P. 105

프란시스 드 고야

〈알바 공작부인〉

P. 107

프란시스 드 고야

〈알바 공작부인의 초상화〉

P. 109

빈센트 로페즈

〈페피타 투도〉

P. 111

프란시스 드 고야

〈마리아 루이사〉

P. 113

오거스틴 에스테베 마르케스

〈마누엘 고도이〉

P. 114

프락시텔레스

〈크니도스의 아프로디테〉

P. 127

장 레옹 제롬

〈배심원 앞의 프리네〉

P. 128

호세 프라파

〈프리네〉

P. 130

엘리아스 로버트

〈프리네〉

P. 132

장 레옹 제롬

〈밧세바〉

P. 139

앙리 팡탱 라투르

〈밧세바〉

P. 142

얀 스틴

〈다윗의 편지를 받은 밧세바〉

P. 145

윌렘 드로스트

〈편지를 받은 밧세바〉

P. 147

렘브란트

〈욕실에서 나온 밧세바〉

P. 148

루벤스

〈분수대에 있는 밧세바〉

P. 150

얀 마시스

〈다윗 왕과 밧세바〉

P. 153

렘브란트

〈다윗과 우리아〉

P. 157

세바스티아노 리치

〈목욕하는 밧세바〉

P. 159

세바스티아노 리치

〈밧세바의 목욕〉

P. 161

얀 리벤스

〈찰스 왕세자와 그의 가정교사〉

P. 166

한스 발둥

〈아리스토텔레스와 필리스〉

P. 167

안 새들러

⟨아리스토텔레스와 필리스⟩

P. 168

아쿠아마닐

⟨아리스토텔레스와 필리스⟩

P. 169

렘브란트

⟨호메로스의 흉상과 아리스토텔레스⟩

P. 171

카미유 클로델

⟨성숙한 나이⟩

P. 177

요제프 랑거

⟨모차르트 초상⟩

P. 180

요제프 랑거

⟨콘스탄체 모차르트⟩

P. 183

Part 03

빈센트 반 고흐

〈도비니의 정원〉

P. 189

빈센트 반 고흐

〈도비니의 정원〉

P. 189

빈센트 반 고흐

〈까마귀떼 나는 밀밭〉

P. 192

빈센트 반 고흐

〈비오는 오베르의 풍경〉

P. 194

존 윌리엄 워터하우스

〈클레오파트라〉

P. 207

알렉상드르 카바넬

〈사형수들에게 독약을 먹이는 클레오파트라〉

P. 209

귀도 레니

〈클레오파트라의 자살〉

P. 211

루카 페라리

〈클레오파트라의 죽음〉

P. 213

하게산드로스

〈라오콘과 군상〉

P. 214

오귀스트 클레싱거

〈뱀에게 물린 여자〉

P. 215

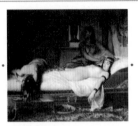

장 안드레 릭싱

〈클레오파트라의 죽음〉

P. 216

자크 루이 다비드

〈나폴레옹 1세의 대관식〉

P. 227

장 오귀스트 도미니크 앵그르

〈권좌의 나폴레옹〉

P. 229

지오반니 벨리니

〈피에타〉

P. 242

지오토 디 본도네

〈마리아와 요한 사이의 십자가 예수〉

P. 243

야코포 벨리니

〈성모자상〉

P. 245

라파엘로 산치오

〈수염이 없는 성 요셉과 성모〉

P. 247

아르테미지아 젠틸레스키

〈홀로페르네스의 목을 베는 유디트〉

P. 249

틴토레토 작

⟨Judith Beheading Holofernes⟩

P. 241

로뎅 작

⟨키스⟩

P. 257

외젠 들라크루아

⟨햄릿 아버지의 혼령과의 만남

P. 265

참고문헌

Schwartz, K. E., The Psychoanalyst and the Artist. New york Pub. 1950

Adams, L. S., Art and Trial. Icon Editions, 1976

Adams, L. S., Art and Psychoanalysis. Icon Editions, 1994

Marmor, M. F. & Ravin, J. G., The EYE of the ARTIST, Mosby, 1997

Flynn, S., The body in three dimensions. Harry N. Abrams Pub., 1998

The Otska Museum of Art: The Art Book of O. M. A., 1999

Strosberg, E., Art and Science, Unesco, 1999

Tomlinson J., GOYA, Phadon Press, London, 1999

Marlow, T., Great Artists, Philip Rance, 2001

Matsui M., Art: Art in a New World, (5th Ed.) Asahi Pub., Tokyo, 2006

IMAOKA H., HAYASAKA A., MORISHITA Y., SATO A,, HIROAKI T,, Nec's face recognition technology and its applications, NEC Technical journal, vol. 5, No. 3, 2010

Martin P. E., R, W. & Vorder B., Computer-Aided Forensic Facial Comparison, CRC Press, Boca Ration, FL, 2010

Patrick J. G., George W. Q. P. & Jonathon P., Report on the Evaluation of 2D, 2010,

George W. Q & Patrick J. G., Performance of Face Recognition Algorithms on Compressed Images, NIST Interagency Report

7830, NIST, 2011.

Still-Image Face Recognition Algorithms, Multiple-Biometric Evaluation(MBE) NIST Interagency Report 7709, NIST, 2011

http://www.nec.co.jp/press/en/1006/3002.html
http://animetrics.com/2d-3d-technology/

문국진, 모차르트의 귀 (음악과 법의학 I), 음악세계, 국판, 2000
바자리, 지오르지오 (이근배 역), 이태리 르네상스의 미술가 평전. 한명 출판, 2000
이주헌, 신화 그림으로 읽기. 학고재, 2000
파르취, 수잔나(저), 홍진경 (역), 당신의 미술관, 1, 2권, 현암사, 2000
이주헌, 50일간의 유럽 미술관 체험, 1, 2권, 학고재, 2001
이주헌, 프랑스 미술 기행, 중앙 M&B, 2001
문국진, 바흐의 두개골을 열다 (음악과 법의학 II), 늘푸른출판, 국판, 2002
문국진, 명화와 의학의 만남. 예담 출판, 2002
이석우, 그림, 역사가 쓴 자서전, 시공사, 2002
이주헌, 화가와 모델, 예담 출판, 2003
문국진, 반 고흐 죽음의 비밀, 예담 출판, 2003
츠베탕 토도로프 (저), 이은진 (역), 일상 예찬, 뿌리와 이파리, 2003
임두빈, 한권으로 보는 성양 미술사 이야기, 가람기획, 2003
이주헌, 화가와 모델, 예담 출판, 2003
진중권, 앙겔루스노부스, 아웃사이더, 2003
이명옥, 미술에 대해 알고 싶은 모든 것들, 다빈치, 2004
김민호, 별난 법학자의 그림 이야기, 예경, 2004
고종희, 르네상스의 초상화 또는 인간의 빛과 그늘, 한길 아트, 2004
문국진, 명화로 보는 사건, 해바라기 출판, 2004
문국진, 그림 속 나체. 예담 출판, 2004
문국진, 명화로 보는 인간의 고통. 예담 출판, 2005
문국진, 그림으로 보는 신화와 의학. 예담 출판, 2006
이주헌, 눈과 피의 나라 러시아 미술, 학고재, 2006
문국진, 표정의 심리와 해부. 미진사, 2007
문국진, 질병이 탄생시킨 명화, 자유아카데미, 2008
문국진, 미술과 범죄. 예담 출판, 2006

문국진, 바우보, 미진사, 2009

이주헌, 지식의 미술관, 아트북스, 2009

문국진, 예술작품의 후각적 감상, 알마출판, 신국판, 2011

문국진, 법의학이 찾아내는 그림 속 사람의 권리, 예경출판, 신국판, 2013

문국진, 이주헌 공저: 풍미의 갤러리, 더스토리하우스, 신국판, 2015

高橋 嚴, 美術史から神秘學へ, 水聲社, 1982

岩月 賢一, 醫語語源散策, 醫學圖書出版, 1983

坂根 嚴夫, 科學と藝術の間, 朝日新聞社 出版部, 1986

岩井 寬, 色と形の 深層心理, NHKブックス, 1986

アルマ・マーラー(著) 石井宏(譯), グスタフ・マーラー, 愛と苦悩の回想,
中央公論新社, 1987

岡本 重溫, 西洋美術の歩め,(2版) 東海大學出版會, 1989

田中 英道, 美術にみるヨーロッパ精神, 弓立社, 1993

渡邊 健浩, 名畵の沈黙と發言, 里文出版, 1995

鷲田 淸一, 見られることの權利(顏)論, メタローグ 1995

楠見 千鶴子, 運命を愛した女たち, NHKブックス, 1996

形の文化會, 生命の形, 身體の形, 工作舍, 1996

中丸 明, スペン ゴヤの旅, 文藝春秋社, 東京, 1998

小林 昌廣, 臨床の藝術學, 昭和堂, 1999

鈴木 七美, 出産の 歴史人類學, 新曜社, 1999

西岡 文彦, 絶頂美術館, 新潮社, 2000

酒井 明夫 等 編著, 文化精神醫學序說, 金剛出版, 2001

岩田 誠, 脳と音楽, メディカルレビュー社, 2001

木村 三郎, 名畵を讀み解くアトリビュート, 淡交社, 2002

小池 壽子, 猫かれた 身體, 靑土社, 2002

立川 昭二, 生と死の美術, 岩波書店, 2003

文國鎭, 上野 正彦, 韓國の 屍體, 日本の 死體, 靑春出版社, 2003

酒井 健, 繪畵と 現代思想, 新書館, 2003

文國鎭, 美しき 死體の サラン, 靑春出版社, 2004

靑木 豊(編), 身體心理學, 川島書店, 2004

岩田 誠, 見る腦・描く腦, 東京大學出版會, 2007

岩田 誠, 河村満, 社会活動と脳, 医学書院, 2008

岩田 誠, 神経内科医の文学診断, 白水社, 2008

茂木健一郎, 脳, 創造性, PHP, 2008

古田 亮, 美術 ━ 心 ━ 論, 平凡社, 2012

岩田 誠, ホモ ピクトル ムジカ ━ リスーア ━ トの進化史, 中山書店, 2017

법의학, 예술작품을 해부하다

초판 1쇄 인쇄 2017년 11월 15일
초판 1쇄 발생 2017년 11월 27일

지은이 문국진
발행인 김우진

발행처   이야기가있는집
등록   등록 2014년 2월 13일 제2014-000062호
주소   서울시 마포구 월드컵북로 375, 2306(DMC 이안오피스텔 1단지 2306호)
전화   전화 02-6215-1245 | 팩스 02-6215-1246
전자우편 editor@thestoryhouse.kr

ISBN 979-11-86761-20-5 03300

* 허락을 받지 못한 일부 도판은 저작권자가 확인되는 대로 정식 동의 절차를 밟을 예정입니다.

이 도서의 국립중앙도서관 출판예정도서목록(CIP)은 서지정보유통지원시스템 홈페이지(http://seoji.nl.go.kr)와 국가자료공동목록시스템(http://www.nl.go.kr/kolisnet)에서 이용하실 수 있습니다.(CIP제어번호: CIP2017029728)

* 이야기가있는집은 (주)더스토리하우스의 인문, 문학 단행본 브랜드입니다.
* 이 책 내용의 전부 또는 일부를 재사용하려면 반드시 양측의 동의를 받아야 합니다.
* 책값은 뒤표지에 있습니다.